Jacques Casanova de Seingalt

L'amour à Venise

CET OUVRAGE NE PEUT ÊTRE VENDU EN LIBRAIRIE

50 c. L'OUVRAGE COMPLET

Après ses amours de jeunesse, Casanova, dans des pages qui sont parmi les plus délicieuses de ses Mémoires, les aventures qui lui arrivèrent à Venise, la ville d'amours, dont il fit, pendant quelque temps, le théâtre de ses exploits.

L'Amour à Venise

CHAPITRE PREMIER

Un grand bonheur m'arrache à l'abjection et je deviens riche seigneur.

Peu de jours après mon arrivée à Venise, ayant reçu ma démission de lieutenant et cent sequins, je quittai l'uniforme et je redevins mon maître.

Obligé alors de penser à un autre métier pour gagner ma vie, j'optai pour celui de joueur de profession; mais dame fortune fut d'un avis contraire, car elle m'abandonna dès les premiers pas que je fis dans la carrière, et huit jours après je me trouvai sans le sou. Que devenir? Il fallait vivre, et je me fis joueur de violon. Le docteur Gozzi m'en avait assez appris pour aller racler dans l'orchestre d'un théâtre, et, ayant exprimé mes vœux à M. Grimani, il m'installa à celui de son théâtre Saint-Samuel, où, gagnant un écu par jour, je pouvais me suffire en attendant mieux.

Me rendant justice moi-même, je ne mis plus le pied dans les maisons du bon ton que je fréquentais avant d'être descendu si bas, je savais qu'on devait me traiter de mauvais sujet; mais je m'en moquais. On devait me mépriser: je m'en consolais par la conscience que je n'étais pas méprisable.

Vers la mi-avril de 1746, M. Girolamo Cornaro, l'aîné de la famille Cornaro de la Reine, épousa une demoiselle de la maison de Soranzo de Saint-Pol, et j'eus l'honneur d'être de la noce... en ma qualité de ménétrier. Je me trouvai membre d'un des nombreux orchestres des bals que l'on donna pendant trois jours consécutifs au palais de Soranzo.

Le troisième jour, vers la fin de la fête, une heure avant le jour, fatigué, je quitte l'orchestre de but en blanc pour me retirer, quant en descendant l'escalier, je remarque un sénateur en robe rouge qui allait monter dans sa gondole, et qui, en tirant son mouchoir de sa poche, laisse tomber une lettre. Je la ramasse en toute hâte, et, rejoignant ce seigneur au moment où il descendait les degrés, je la lui remets. Il la prend en me remerciant, et me demande où je demeurais. Je le lui dis, et il m'oblige à monter dans sa gondole, voulant absolument me mettre chez moi. J'accepte avec reconnaissance, et je me place sur la banquette à côté de lui. Un instant après, il me prie de lui secouer le bras gauche, en me disant qu'il a éprouvait un si fort engourdissement qu'il ne se sentait pas le bras. Je me mets en besogne de toute ma force; mais un instant après il me dit, d'une manière indistincte, que l'engourdissement s'étendait à tout le côté gauche et qu'il se sentait mourir. Je le seignai moi-même et je réussis à le guérir.

Au commencement de l'été, ce sénateur, M. de Brigadin, se trouva en état de reparaître au Sénat, et voici le discours qu'il me tint la veille de sa première sortie:

— Qui que tu sois, je te dois la vie. Tes protecteurs qui voulurent te faire prêtre, docteur, avocat, soldat, et enfin joueur de violon, ne furent que des sots que je ne connurent pas. C'est Dieu qui a ordonné à ton ange de te conduire entre mes bras. Je t'ai connu, je sais t'apprécier: si tu veux être mon fils, tu n'as qu'à me reconnaître pour père et, dorénavant, dans ma maison, je te traiterai comme tel jusqu'à ma mort. Ton appartement est prêt, fais-y apporter tes hardes; tu auras un domestique, une gondole défrayée, ma table et dix sequins par mois. A ton âge, je ne recevais pas de mon père une plus forte pension. Il n'est pas nécessaire que tu t'occupes de l'avenir; pense à t'amuser; et prends-moi pour ton conseil dans tout ce qui pourra t'arriver ou ce que tu voudras entreprendre, et sois sûr de me trouver toujours ton ami.

Je me jetai à ses pieds pour l'assurer de ma reconnaissance, et je l'embrassai en lui donnant le doux nom de père. Il me pressa dans ses bras, m'appela son cher fils; je lui ai promis la soumission et l'amour; après quoi, ses deux amis, qui demeuraient dans le palais, m'embrassèrent, et nous nous jurâmes une fraternité éternelle.

Telle est, mon cher lecteur, l'histoire de ma métamorphose, et l'événement heureux qui, du vil métier de ménétrier à la journée, me plaça au rang de grand seigneur.

La fortune qui se plut à me donner un échantillon de son caprice, en me rendant heureux par un chemin inconnu à la sagesse, n'eut pas le pouvoir de me faire embrasser un système de modération et de prudence qui aurait pu assurer solidement mon avenir.

Assez riche, doué par la nature d'un extérieur agréable et imposant, joueur déterminé, vrai panier percé, grand parleur toujours tranchant, rien moins que modeste, intrépide, courant les jolies femmes, supplantant des rivaux, ne connaissant pour bonne compagnie que celle qui me divertissait, je ne pouvais être que haï; mais, toujours prêt à payer de ma personne, je me croyais tout permis; car l'abus qui me gênait me paraissait devoir être brusqué.

La vie que je menais à Venise aurait pu me paraître heureuse si j'avais pu m'abstenir de ponter à la bassette. Les maisons de jeu n'étaient permises qu'aux seuls nobles non masqués et en robe patricienne, portant la grande perruque.

Je jouais et avais tort, car je n'avais ni la prudence de quitter quand la fortune m'était contraire, ni la force de m'arrêter quand j'avais quelque gain. Je jouais véritablement alors par un sentiment d'avarice. J'aimais la dépense, et je la regrettais quand ce n'était pas de l'argent gagné au jeu, car celui-là seul me semblait ne m'avoir rien coûté.

A la fin du mois de janvier, me trouvant dans la nécessité de me procurer deux cents sequins, Mme Manzoni me fit prêter par une autre dame un brillant qui en valait cinq cents. Je me déterminai à me rendre à Trévise, à quinze milles de Venise, pour le mettre au mont-de-piété, qui prête à cinq pour cent, bel et unique établissement manquant à Venise, où les Juifs ont toujours trouvé le moyen de l'empêcher.

Je me lève de bonne heure, et je vais à pied jusqu'au bout du *Canal regio* (1) avec l'intention de prendre une gondole pour Mestre, où j'aurais pris une voiture de poste qui m'aurait mis en moins de deux heures à Trévise, d'où je serais reparti le même jour après que j'aurais mis mon brillant en gage, et j'aurais couché à Venise.

En passant sur le quai de Saint-Job, je vois dans une gondole à deux rames une villageoise très richement coiffée. M'étant arrêté pour la considérer, le barcarol de proue s'imagine que je veux profiter de l'occasion pour aller à Mestre à meilleur marché, et dit au barcarol de poupe de revenir au rivage. Je n'hésite pas un instant en voyant le joli minois de la villageoise: je monte et je lui paye le double pour qu'il ne prît plus personne. Un vieux prêtre occupait la première place auprès de la jeune fille: il se lève pour me la céder, mais je l'oblige poliment à la reprendre.

II

Je deviens amoureux de Christine, et je lui trouve un mari digne d'elle. — Ses noces.

Ces barcarols, me dit le vieux prêtre comme pour entamer la conversation, ont bien du bonheur. Ils nous ont pris à Rialte pour trente sous, à condition qu'ils pourraient prendre d'autres passagers, et en voilà déjà un : ils en trouveront certainement d'autres.

— Quand je suis dans une gondole, mon révérend, il n'y a plus de place pour personne. En disant cela, je donne encore quarante sous aux bateliers, et les voilà contents, car ils me remercient en me donnant de l'Excellence. Le bon abbé, prenant cela pour de l'argent comptant, me demanda pardon de ne m'avoir pas donné ce titre.

— N'étant pas gentilhomme vénitien, mon révérend, ce titre ne m'est pas dû.

— Ah! dit la jeune fille, j'en suis bien aise.

— Et pourquoi, mademoiselle?

— Parce que, quand je vois un gentilhomme près de moi j'ai peur. Mais j'imagine que vous êtes un *illustrissimo*.

— Non plus, mademoiselle; je suis tout simplement un clerc d'avocat.

— J'en suis encore plus aise, car j'aime à me trouver en compagnie de personnes qui ne se croient pas plus qu

(1) *Canal majeur ou canal royal.*

moi. Mon père était fermier, frère de mon oncle que vous voyez ici, curé de Pr... où je suis née et où j'ai été élevée. Comme je suis fille unique, je suis héritière du bien de mon père, qui est mort, et de celui de ma mère, qui est malade depuis longtemps, et qui n'a plus guère à vivre, ce qui me fait bien du chagrin; mais c'est le médecin qui nous l'a dit. Ainsi, pour revenir à mon propos, je crois que la différence n'est pas si grande entre un clerc de procureur et la fille d'un riche fermier. Je dis cela par manière d'acquit, car je sais bien qu'en voyage on se trouve avec tout le monde: n'est-ce pas, mon oncle?

— Oui, ma chère Christine; et pour preuve, tu vois bien que monsieur s'est mis avec nous sans savoir qui nous étions.

— Mais, croyez-vous, monsieur le curé, que je fusse venu si je n'avais été attiré par la beauté de votre jolie nièce?

A ces mots, voilà mes bonnes gens qui éclatent de rire. Pour moi, ne trouvant pas ce que j'avais dit de bien comique, je jugeai mes compagnons de voyage un peu sots, et je ne fus nullement fâché de la découverte.

— Pourquoi riez-vous tant, ma belle demoiselle? Est-ce pour me faire voir vos belles dents? J'avoue que je n'en ai jamais vu de si belles à Venise.

— Oh! point du tout, monsieur, bien qu'à Venise tout le monde m'ait fait le compliment. Je vous assure qu'à Pr... toutes les jeunes filles ont les dents aussi belles que les miennes. N'est-ce pas, mon cher oncle?

— Oui, ma nièce.

— Je riais, monsieur, d'une chose que je ne vous dirai jamais.

— Ah! dites-la-moi, je vous en prie.

— Oh! pour ça non, jamais.

— Je vais le dirai moi-même, me dit le curé.

— Je ne veux pas, dit-elle en fronçant ses beaux sourcils, ou je m'en vais.

— Je t'en défie, ma chère. — Savez-vous ce qu'elle a dit lorsqu'elle vous aperçut sur le quai? Voilà un beau garçon qui me regarde et qui est bien fâché de n'être pas avec nous; et quand elle vous a vu faire arrêter la gondole, elle s'en est fort applaudie.

Pendant que le curé racontait, la nièce outrée lui donnait des coups sur l'épaule.

— Pourquoi, belle Christine, êtes-vous fâchée que j'apprenne que je vous ai plu, tandis que je suis enchanté que vous sachiez que je vous trouve charmante?

— Vous en êtes enchanté pour le moment. Oh! je vous connais bien, à présent, les Vénitiens. Ils m'ont tous dit que je les enchantais, et aucun de ceux que j'aurais voulu ne s'est déclaré.

— Quelle déclaration voulez-vous?

— La déclaration qui me convient, monsieur, celle d'un bon mariage à l'église en présence de témoins. Nous sommes cependant restés à Venise quinze jours; n'est-ce pas, mon oncle?

— Cette fille, me dit alors l'oncle, telle que vous la voyez, est un bon parti; car elle a trois mille écus. Elle a toujours dit qu'elle ne voulait épouser qu'un Vénitien, et je l'ai conduite à Venise pour la faire connaître. Une femme comme il faut nous a donné asile pendant quinze jours; et elle l'a conduite dans plusieurs maisons où des jeunes gens mariables l'ont vue; mais ceux qui lui ont plu n'ont pas voulu entendre parler de mariage, comme ceux qui l'auraient voulue n'ont pas été de son goût.

— Mais croyez-vous donc, lui dis-je, qu'un mariage se fasse comme une omelette? Quinze jours à Venise ne sont rien; il faut y passer au moins six mois. Je trouve, par exemple, votre nièce jolie comme un cœur, et je me croirais heureux si le femme que Dieu me destine lui ressemblait; mais quand elle me donnerait dans l'instant cinquante mille écus pour l'épouser de suite, je n'en voudrais pas. Un jeune homme sage, avant de prendre une femme, veut connaître son caractère; car ce n'est ni l'argent ni la beauté qui font le bonheur dans un ménage.

Dès que la gondole fut entrée dans le long canal de Marghera, je demandai au curé s'il avait une voiture pour aller à Trévise, puisque, pour aller à Pr., il devait y passer.

— J'irai à pied, me dit le brave homme, car ma cure est pauvre; et, pour Christine, je lui trouverai facilement une place sur quelque voiture.

— Vous me ferez un véritable plaisir d'accepter tous deux une place dans ma chaise; elle est à quatre places, nous y serons commodément.

— Voilà un bonheur que nous n'espérions pas.

Je me servis du déjeuner et j'ordonnai à un voiturier d'atteler ma belle chaise pendant que nous déjeunerions; mais le curé m'avant dit qu'il voulait dire sa messe.

— Fort bien, lui dis-je, nous irons l'entendre, et dites les prières en mon intention.

En disant cela, je lui mis dans la main un ducat d'argent.

— C'est mon révérend, ce que j'ai coutume de donner.

Ma générosité l'étonna à tel point qu'il voulut me baiser la main. Il s'achemina vers l'église, et j'offre mon bras à la nièce, qui, ne sachant pas si elle doit l'accepter ou le refuser, me dit:

— Croyez-vous donc que je ne puisse pas marcher seule?

— Ce n'est pas ça; mais si je ne vous donne pas le bras, on dira que je vous suis impoli.

— Et maintenant que je vous le donne, que dira-t-on?

— On dira peut-être, que nous nous aimons, et peut-être que nous nous convenons fort bien.

— Et si l'on va dire à votre maîtresse que nous nous aimons, ou bien simplement que vous donnez le bras à une autre fille.

— Je n'ai point de maîtresse, et ne veux plus en avoir, car je ne trouverais pas à Venise une fille aussi belle que vous.

— J'en suis fâchée pour vous, car nous ne retournerons plus à Venise; et quand même, comment faire pour y rester six mois? C'est, avez-vous dit, le temps qu'il faut pour connaître une fille.

— Je payerais volontiers la dépense.

— Oui-dà? dites-le donc à mon oncle, et il y pensera; car je ne puis y aller seule.

— En six mois, vous me connaîtriez aussi.

— Oh! pour moi, je vous connais déjà.

— Vous vous accommoderiez donc de ma personne?

— Pourquoi non?

— Et vous m'aimeriez?

— Oui, beaucoup quand vous seriez mon mari.

Je regardai cette jeune fille avec étonnement.

Je ne pouvais concevoir comment une fille aussi ravissante avait pu être quinze jours à Venise sans trouver quelqu'un qui l'épousât ou qui la trompât. Ce qui contribuait beaucoup à mon ravissement, c'étaient son jargon et sa naïveté, que l'habitude de la ville me faisait taxer de bêtise.

Absorbé dans mes réflexions, et décidé à rendre à ses charmes un éclatant hommage à ma manière, j'attendais avec impatience la fin de la messe.

Quand nous eûmes déjeuné, j'eus la plus grande peine à faire comprendre au curé que ma place dans la voiture était la dernière; mais j'en eus moins, en arrivant à Trévise, à le persuader qu'il devait rester à dîner et à souper dans une auberge peu fréquentée, vu que je me chargeais de la dépense. Il accepta parce que je lui dis qu'après le souper il y aurait une voiture prête qui le conduirait en une heure à Pr. avec le plus beau clair de lune. Il n'était pressé que par nécessité absolue de chanter le lendemain à sa messe.

Descendus à l'auberge, après avoir fait faire bon feu et ordonné bon dîner, je pensai que le curé lui-même pourrait m'aller mettre le diamant en gage, ce qui me procurerait quelques instants de tête-à-tête avec sa nièce. Je lui fais la proposition, lui disant que, ne voulant pas être connu, je ne pouvais pas y aller moi-même; et il accepta avec empressement, charmé de pouvoir faire quelque chose qui me fût agréable.

Il part, et me voilà seul avec la ravissante Christine. Je passai une heure avec elle sans chercher à lui donner un seul baiser, quoique j'en mourusse d'envie, mais préparant son cœur aux désirs dont j'étais enflammé par tous ces propos qui montent si facilement l'imagination d'une jeune fille.

Le curé revint et me rendit la bague en me disant que je ne pourrais la mettre en gage que le surlendemain, à cause de la solennité de la fête de la Vierge; qu'il avait parlé au caissier du mont-de-piété, et qu'il lui avait dit qu'on me donnerait le double si je le voulais. M. le curé, lui dis-je, vous me rendrez service de revenir de Pr. pour la mettre en gage vous-même; car, après avoir été présenté par vous, s'il l'était par un autre, cela pourrait faire naître des soupçons. Je vous payerai la voiture.

— Je vous promets de revenir.

— M. le curé, lui dis-je, je vous conseille de ramener votre nièce à Venise. Je me charge de toute la dépense, et je vous procurerai une personne vertueuse chez laquelle Mlle Christine sera aussi sûrement que sous les yeux de sa mère. J'ai besoin de la bien connaître pour pouvoir l'épouser; mais là la chose sera immanquable.

— Monsieur, j'irai conduire moi-même ma chère nièce dès que vous m'aurez informé que vous avez trouvé la maison où je pourrai la laisser avec sûreté.

Pendant que nous discourions, je lorgnais Christine, et je la voyais sourire de satisfaction.

— Ma chère Christine, lui dis-je, dans huit jours tout au plus l'affaire sera arrangée. Pendant ce temps je vous écrirai; j'espère que vous me répondrez.

— Mon oncle vous répondra pour moi, car je n'ai jamais voulu apprendre à écrire.

— Eh! ma chère enfant, comment voulez-vous devenir la femme d'un Vénitien sans savoir écrire?

— Mais est-il donc nécessaire de savoir écrire pour être femme? Je sais très bien lire.

— Ce n'est pas suffisant; et quoiqu'on puisse être femme et mère de famille sans savoir tracer une panse d'a, il est pourtant reçu qu'une jeune fille sache écrire; et je m'étonne que vous ne le sachiez pas.

— Mais quelle merveille! il n'y a pas une jeune fille chez nous qui le sache, n'est-ce pas, mon oncle?

— C'est vrai; mais aucune ne pense se marier à Venise; et toi, qui le veux, il faut que tu l'apprennes.

— Certainement, lui dis-je, et avant de venir à Venise,

les qu'une révérence de la tête, me demandant s'il était clerc comme moi. Charles lui répondit qu'il était clerc de Ragionato. Elle fit semblant de comprendre, ne voulant point paraître ignorante. Je veux, me dit-elle, vous faire voir mon écriture, et après, s'il vous plaît, nous irons voir ma mère.

Enchantée de l'éloge que Charles fit de son écriture quand il sut qu'il n'y avait que huit jours qu'elle apprenait, elle nous invita à la suivre. Chemin faisant, Charles lui demanda pourquoi elle avait attendu jusqu'à dix-neuf ans pour apprendre à écrire.

— D'abord, monsieur, qu'est-ce que vous dites vous? Mais apprenez que je n'ai pas dix-neuf ans, car je n'en ai que dix-sept. Charles lui demanda excuse tout en riant de son ton brusque.

Elle était habillée en simple villageoise, mais très proprement et ayant à son cou et à ses bras de superbes chaînes d'or. Nous trouvâmes sa mère, qu'une douloureuse sciatique condamnait à rester au lit. Un homme de bonne mine, qui se trouvait assis auprès de la malade, se lève en nous voyant et va embrasser Charles. On me dit que ce monsieur était le médecin, et cette circonstance me fit plaisir.

Après les compliments de saison faits à Charles la bonne femme, le médecin demanda à Charles des nouvelles de sa sœur et de sa tante. Parlant de sa sœur qui avait une maladie secrète, Charles pria son ami de lui dire quelque chose à part et ils sortirent. Resté seul avec la mère et la fille, qui était assise au lit de sa mère, je fis l'éloge de Charles, de sa bonne conduite, de ses mœurs, de son habileté, et je vantai le bonheur de la femme de ciel lui donnerait pour épouse. Toutes deux confirmèrent mes louanges en disant qu'il portait sur sa figure tout le bien que j'en disais. N'ayant point de temps à perdre, je dis à Christine qu'à table elle devait se tenir sur ses gardes, parce qu'il était possible que ce fût là l'époux que le ciel lui avait destiné.

— A moi?
— Oui, à vous. C'est un garçon unique; vous serez avec lui bien plus heureuse que vous ne le serez avec moi; et puisque le médecin le connaît, vous saurez de lui tout ce que je n'ai pas le temps de vous dire maintenant.

Qu'on se figure la peine que dut faire cette déclaration, ex abrupto; et ma surprise en voyant la jeune fille tranquille, et point déconcertée! Ce phénomène arrêta les larmes que j'étais prêt à répandre. Après une minute de silence, elle me demanda si j'étais sûr que le beau garçon voudrait d'elle. Cette question, en me faisant connaître l'état du cœur de Christine, me rassura sur le mien; car je vis que je ne la connaissais pas bien. Je lui dis que, telle qu'elle était, elle ne pouvait déplaire à personne. Ce sera à dîner, ma chère Christine, que mon œil vous étudiera et il ne tiendra qu'à vous de faire briller toutes les belles qualités que Dieu vous a données. Faites surtout qu'il ne puisse avoir aucun soupçon de notre intime amitié.

— C'est fort singulier. Mon oncle est-il informé de ce changement de scène?
— Non.
— Et si je lui plais; quand m'épousera-t-il?
— Dans huit à dix jours. J'aurai soin de tout. Vous me reverrez dans le courant de la semaine.

Charles étant rentré avec le médecin, Christine quitta le lit de sa mère et prit un siège en face de nous. Elle soutint avec beaucoup de sens les propos que lui adressa Charles, excitant quelquefois à rire par des naïvetés, jamais par des bêtises.

Nous dînâmes un peu tard, et j'observai de ne point parler et de ne point regarder Christine pour ne pas la distraire. Charles l'occupa continuellement, et je vis avec une vive satisfaction qu'il lui tint tête, avec aisance et intérêt. Après le dîner et près de nous séparer, j'entendis ces mots, qui me pénétrèrent:

— Vous êtes faite, lui dit Charles, pour faire le bonheur d'un prince.
— Je m'estimerai heureuse, répliqua-t-elle, si vous me jugez digne de faire le vôtre.

Ces mots mirent Charles tout en feu; il m'embrassa et nous partîmes.

Durant le voyage, Charles ne me parla que de son bonheur : il était décidément amoureux.

— J'irai, me dit-il, trouver le comte Algarotti dès demain, et vous pouvez écrire à votre curé de venir avec toutes les pièces nécessaires pour passer le contrat, qu'il me tarde de signer.

Il rit de bonheur et de surprise quand je lui dis que j'avais fait à sa future le cadeau d'une dispense du pape pour se marier en carême.

— Il faut donc, dit-il, que nous menions l'affaire grand train.

Dans la conférence que mon jeune remplaçant eut le lendemain avec M. Dandolo et son parrain, il fut convenu qu'on écrirait au curé de venir avec sa nièce. Je me chargeai de la commission, et partis de Venise deux heures avant le jour; je me rendis à Pr., où le curé me demanda, pour me suivre, que le temps de dire la messe. Je me rendis chez la future, et je lui fis un sermon sentimental et paternel, dont tous les mots tendaient à lui tracer la route du bonheur dans le nouvel état qu'elle allait embrasser. Je lui dis comment elle devait se conduire avec son mari, avec sa tante et sa belle-sœur, pour captiver leur amour et leur amitié. La fin de mon discours fut pathétique, et un peu dénigrante pour moi; car, lui recommandant la fidélité, il était naturel que je lui demandasse pardon de l'avoir séduite.

— Lorsque vous me promîtes de m'épouser, la première fois que nous eûmes la faiblesse de nous donner l'un à l'autre, aviez-vous l'intention de me tromper?
— Non, certainement.
— Vous ne m'avez donc pas trompée. Je vous dois, au contraire, de la reconnaissance d'avoir réfléchi que, si notre union pouvait être malheureuse, il valait mieux que vous me trouvassiez un autre époux; et je remercie Dieu de ce que vous ayez si bien réussi. Dites-moi maintenant ce que je dois répondre à votre ami, si, la première nuit de nos noces, il me demande ce qui m'a rendue différente d'une vierge.
— Il n'est pas probable que Charles, délicat et de bonnes mœurs, vous fasse une question pareille; mais si cela arrivait, dites-lui avec assurance que vous n'avez jamais eu d'amant et que vous ne vous croyez pas différente d'une autre fille.
— Me croira-t-il?
— Oui, bien certainement, car l'homme le plus expert peut s'y tromper.
— Mais s'il ne me croyait pas?
— Il se rendrait digne de votre mépris et il en ferait lui-même la pénitence. Mais tranquillisez-vous pleinement, cela n'arrivera pas. Un homme d'esprit, ma chère Christine, lorsqu'il a une bonne éducation, ne hasarde jamais une pareille question, puisque non seulement il est sûr de déplaire, mais même de ne jamais savoir la vérité; car si cette vérité doit nuire à la bonne opinion que toute femme doit désirer que son mari ait d'elle, il n'y a qu'une sotte qui puisse se déterminer à lui dire la vérité.
— J'entends parfaitement ce que tu me dis, mon cher ami : embrassons-nous donc pour la dernière fois.
— Non, car nous sommes seuls et ma vertu est faible : je t'adore toujours.
— Ne pleure pas, mon cher ami, car en vérité je ne m'en soucie pas.

Cette raison naïve et burlesque changea tout à coup ma disposition, et au lieu de pleurer je me mis à rire. Elle se mit en grande toilette, et, après avoir déjeuné, nous partîmes. Nous arrivâmes à Venise en quatre heures, et, après les avoir placés dans une bonne auberge, je me rendis chez M. de Bragadin et je dis à M. Dandolo que nos gens étaient arrivés, qu'il devait, le lendemain, les réunir à Charles et se charger de toute l'affaire, parce que l'honneur des époux, celui des parents, et les convenances ne permettaient pas que je m'en mêlasse davantage.

Il comprit mes raisons et agit en conséquence. Il alla trouver Charles, qu'il m'amena; ensuite, étant allé les présenter tous deux au curé et à sa nièce, je leur fis une sorte d'adieu.

Je sus qu'ayant été ensuite chez le comte Algarotti et puis chez le notaire, le contrat avait été fait et signé dans la journée; et que Charles ayant reconduit sa future à Pr., il avait pris jour pour la célébration du mariage.

A son retour, Charles vint me faire une visite, et me dit que sa fiancée l'avait enchanté, par sa beauté et l'affabilité de son caractère, que sa tante, sa sœur et son parrain, qui avaient bien voulu se charger de tous les frais de la noce.

Elle sera, me dit-il, célébrée tel jour à Pr.., et j'espère que vous me ferez le plaisir de couronner l'œuvre en y assistant. Je lui opposai toutes les raisons que je croyais valables pour m'en dispenser; mais il insista avec une sorte de reconnaissance et tant d'effusion de sentiment, que je dus accepter. J'écoutai avec un véritable plaisir le récit de l'impression que la beauté, la naïveté, la belle parure et surtout le jargon de cette charmante fille avaient faites sur sa famille et sur le comte.

— J'en suis véritablement épris, me dit ce jeune homme, et je sens que je vous devrai le bonheur que j'espère trouver avec cette ravissante fille. Quant au jargon villageois, elle ne tardera pas à s'en défaire à Venise, où l'envie et la médisance lui en feraient facilement un crime.

Je jouissais de son enthousiasme et de son bonheur, et je me félicitais que tout cela fût mon ouvrage; cependant j'éprouvais un fond de jalousie qui me faisait envier un sort que j'aurais pu me réserver pour moi.

Charles ayant invité MM. Dandolo et Barbaro, ce fut avec eux que je me rendis à Pr... Je trouvai chez le curé une table dressée pour les officiers du comte Algarotti, que Charles avait choisi pour son compère, et qui, faisant tous les frais de la noce, avait eu soin d'envoyer à Pr... son cuisinier et son chef d'office.

Bientôt après, ayant aperçu Christine, les larmes me vinrent aux yeux, et je fus obligé de sortir. Elle était habillée en paysanne, mais belle comme un astre. Son époux, son oncle, le comte Algarotti avaient vainement tenté de lui persuader de prendre le costume de Venise; elle avait raisonnablement résisté à leurs sollicitations.

— Dès que je serai votre épouse, avait-elle dit à Charles, je m'habillerai comme vous le voudrez; mais ici je ne paraîtrai aux yeux de mes compagnes que telle qu'elles m'ont toujours vue : j'éviterai par là que toutes les filles avec lesquelles j'ai été élevée se moquent de moi et me supposent l'intention d'avoir voulu les offenser.

Il y avait dans ce raisonnement quelque chose de si juste, de si noble et de si généreux, que Charles croyait voir dans son amante un être surnaturel. Il me dit qu'il s'était informé, chez la femme où Christine avait passé quinze jours à Venise, des deux jeunes gens qu'elle avait refusés, et qu'il en était extrêmement surpris, car c'étaient deux partis très acceptables sous tous les rapports.

— Christine, ajouta-t-il, est un lot qui m'était réservé par le ciel pour faire mon bonheur, et c'est à vous que j'en dois la précieuse possession.

Sa reconnaissance me plaisait, et je me rends la justice que je ne pensais aucunement à en profiter. Je jouissais de faire des heureux.

Nous nous rendîmes à l'église vers les onze heures, et nous fûmes fort surpris de ne pouvoir y pénétrer qu'avec peine. Une quantité de nobles de Trévise, curieux de savoir s'il était vrai qu'on célébrât publiquement en carême le mariage d'une simple paysanne. Malgré l'envie, dès que le couple parut, la satisfaction se montra sur tous les visages; chacun convenait que ces jolis amants méritaient une distinction éclatante, une exception à toutes les règles.

A peine rentrés de l'église, les nouveaux époux allèrent se mettre à genoux auprès du fauteuil de la mère, qui les bénit en pleurant de joie.

On se mit à table, et l'ordre voulut que Christine et son heureux époux occupassent les premières places. J'occupai la dernière place la plus grand plaisir, et quoique tout fût exquis, je mangeai peu et ne dis presque pas le mot.

L'unique occupation de Christine fut de distribuer à chacun de la compagnie des choses agréables, lorgnant chaque fois son époux pour s'assurer de son approbation.

Il lui arriva deux ou trois fois de dire des choses si gracieuses à sa sœur et à sa tante qu'elles ne purent s'empêcher de se lever pour aller les embrasser en félicitant son époux de son bonheur.

A vingt-deux heures (1), Charles dit un mot à l'oreille à sa charmante épouse, qui fit un salut de tête à sa marraine, et on se leva. Après les compliments d'usage, — et ici ils portaient le cachet de la sincérité, — la nouvelle mariée distribua à toutes les filles du village, qui étaient dans la chambre voisine, des cornets de dragées qu'on avait préparés dans une corbeille; ensuite elle prit congé d'elles en les embrassant sans la moindre apparence d'orgueil. Après le café, le comte Algarotti invita toute la compagnie à aller coucher dans une maison qu'il avait à Trévise, et à y accepter le dîner du lendemain des noces. Le curé seul s'en dispensa; et il ne pouvait pas être question de la mère, et son état de souffrance la mettait hors d'état de se mouvoir : elle mourut trois mois après.

Christine quitta donc son village pour suivre son époux, dont elle fit le bonheur et qui la rendit parfaitement heureuse.

Au bout d'un an, Christine donna à son époux un gage de leur mutuel amour, ce qui ne fit qu'ajouter à leur bonheur.

Nous fûmes très bien logés à Trévise, et après avoir pris quelques rafraîchissements, nous allâmes nous coucher.

Le lendemain, j'étais avec le comte Algarotti et nos deux amis lorsque Charles entra beau, frais et radieux. Après avoir riposté avec beaucoup d'esprit et d'à-propos à quelques plaisanteries, il me regardait, non sans quelque appréhension, lorsqu'il vint m'embrasser cordialement. J'avoue que jamais baiser ne m'a fait plus de bien.

La tante et la sœur, sur l'invitation de Charles, étant allées donner le bonjour à la jeune épouse, revinrent une heure après avec elle. Le bonheur ne s'est jamais peint sur un plus beau visage!

M. Algarotti, allant à sa rencontre, lui demanda affectueusement si elle avait bien passé la nuit; pour toute réponse, elle courut embrasser son mari. C'était la réponse la plus naïve et la plus éloquente possible. Tournant ensuite ses beaux yeux sur moi, et me tendant la main : Monsieur Casanova, me dit-elle, je suis heureuse, et j'aime à vous devoir mon bonheur.

III

Comment je devins amoureux de Mlle C. C.

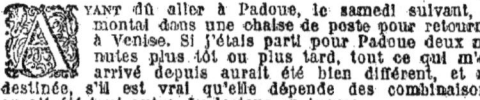

AYANT dû aller à Padoue, le samedi suivant, je montai dans une chaise de poste pour retourner à Venise. Si j'étais parti pour Padoue deux minutes plus tôt ou plus tard, tout ce qui m'est arrivé depuis aurait été bien différent, et ma destinée, s'il est vrai qu'elle dépende des combinaisons, aurait été tout autre. Le lecteur en jugera.

Parti de Padoue dans ce moment fatal, je rencontre à Oriago un cabriolet qui venait au grand trot de deux chevaux de poste. Il y avait dedans une très jolie femme et un homme en uniforme allemand. A quelques pas de moi, le cabriolet verse du côté de la rivière, et la femme, tombant par-dessus le cavalier court le plus grand danger de rouler dans la Brenta. Je saute hors de mon chariot sans me donner le temps de faire arrêter les miens, et je vole au secours de la dame, réparant d'une main chaste le désordre que la chute avait occasionné à sa toilette.

Son compagnon, qui s'était relevé sans accident, accourt, et voilà la belle versée sur son séant, tout ébahie et moins confuse de sa chute que de l'indiscrétion des jupes qui avaient laissé à découvert tout ce qu'une honnête femme ne montre jamais à un inconnu. Dans ses remerciements, qui durèrent tout le temps que son postillon et le mien mirent à relever le cabriolet, elle m'appela souvent son sauveur, son ange tutélaire.

Le dommage étant réparé, la dame continua sa route vers Padoue; et moi vers Venise, où à peine arrivé, je n'eus que le temps de me masquer pour aller à l'Opéra.

Le lendemain je me masque de bonne heure pour aller suivre le Bucentaure, qui favorisé par un beau temps, devait être mené au Lido pour la grande et ridicule cérémonie.

Je prenais mon café à visage découvert sous les procuratie de la place Saint-Marc, quand un beau masque féminin me donna galamment un coup d'éventail sur l'épaule. Je ne connaissant pas le masque, je ne fis pas grande attention à cette agacerie; et après avoir achevé mon café je reprends mon masque et je m'achemine vers le quai du Sépulcre, où m'attendait la gondole de M. de Bragadin. Vers le pont de la Paille, j'aperçois le même masque attentif à regarder l'image d'un monstre qu'on montrait pour dix sous. Je m'approche du masque et je lui demande pourquoi il m'avait battu.

— Pour vous punir de ce que vous ne me connaissez pas après m'avoir sauvé la vie.

Je devine que c'est la belle que j'ai secourue la veille aux bords de la Brenta, et, après lui avoir fait compliment, je lui demande où elle va suivre le Bucentaure.

— J'irais volontiers, me dit-elle, si j'avais une gondole sûre.

Je lui offre la mienne, qui était des plus grandes, et, ayant consulté le masque qui l'accompagnait, elle accepte. Prêt à y entrer, je les invite à se démasquer; mais ils me disent qu'ils ont des raisons pour rester inconnus.

Nous suivons le Bucentaure, et assis auprès de la dame, je me permets quelques libertés; mais elle me déconcerte en changeant de place. Après la fonction nous retournâmes à Venise, et l'officier me dit que si je voulais lui faire l'honneur d'aller dîner avec eux au Sauvage, je les obligerais. J'acceptai, car j'étais curieux de connaître cette femme : ce que j'en avais vu lors de sa chute rendait ma curiosité très naturelle. L'officier me laissa seul avec elle et prit les devants pour aller commander le dîner.

Dès que je fus seul avec ma belle, à la faveur du masque je lui dis que j'étais amoureux d'elle, que j'avais une loge à l'Opéra dont je lui offrais l'entière jouissance, et que, si elle ne voulait me laisser l'espoir de ne pas perdre mon temps, je la servirais pendant tout le carnaval.

— Je ne demande aujourd'hui qu'un mot d'encouragement. Donnez-le-moi, et vous me verrez modeste, soumis et discret.

— Modérez-vous.

Nous trouvâmes l'officier à la porte du Sauvage, et nous montâmes. Dès que nous fûmes dans la chambre elle se découvrit, et je la trouvai bien mieux que la veille. Il me restait à savoir pour la forme et le cérémonial si l'officier était son mari, son amant, son parent ou son conducteur; car, fait aux aventures, je désirais connaître de quelle nature était celle que je venais d'entamer.

Nous nous mettions à table, et la manière dont monsieur et madame en agissent m'obligeait par prudence à m'observer. Ce fut à lui que j'offris ma loge et elle fut acceptée; mais comme je ne l'avais pas, après le dîner je sortis sous prétexte d'affaires, et j'allai m'en procurer une. J'en pris à l'Opéra-Buffa, où brillaient Petrici et Lasqui, et après l'opéra je leur donnai à souper dans une auberge; ensuite je les conduisis chez eux dans ma gondole, où, à la faveur de la nuit, j'obtins de la belle toutes les faveurs qu'on peut accorder auprès d'un tiers qu'on doit ménager. A notre séparation, l'officier me dit :

— Vous aurez demain de mes nouvelles.
— Où donc et comment?
— Ne vous en inquiétez pas.

Le lendemain matin, on m'annonce un officier; c'était lui-même. Après quelques compliments d'usage et lui avoir fait mes remerciements pour l'honneur qu'il m'avait fait la veille, je le priai de me dire à qui j'avais l'honneur de parler. Voici ce qu'il me répondit, parlant très bien, mais sans me regarder :

« Je m'appelle P. C... Mon père est riche et considéré à la Bourse; mais nous sommes brouillés. Je demeure sur le grand de Saint-Marc. La dame que vous avez vue née à O..., elle est la femme du courtier C..., et sa sœur est l'épouse du patricien P. M... Mme C... est brouillée avec son mari et j'en suis la cause, comme je suis brouillé avec mon père à cause d'elle.

« Je porte cet uniforme en vertu d'un brevet de capitaine au service autrichien, mais je n'ai jamais servi. Je suis

(1) Quatre heures après-midi.

L'AMOUR A VENISE

[...]rs : je me contentais de lui dire qu'un [...] de ses b[...] valait plus qu'un royaume. Ma charmante C. C. se déchaussa et lui mit une paire de bas qui allaient jusqu'à moitié de la cuisse. Plus je la découvrais innocente, moins j'osais me déterminer à m'emparer de cette ravissante proie.

Nous redescendîmes au jardin, et, après nous être promenés jusqu'au soir, nous allâmes à l'Opéra, ayant soin de garder nos masques; car, le théâtre étant petit, on aurait pu nous reconnaître, et ma délicieuse amie était sûre que son père ne lui permettrait plus de sortir, s'il venait à savoir qu'elle jouissait de ce plaisir.

Nous étions tout étonnés de ne pas voir son frère. Nous avions à notre gauche le marquis de Montalegre, ambassadeur d'Espagne, avec la demoiselle Bola, sa maîtresse en titre; et à notre droite deux masques, homme et femme, qui ne s'étaient point démasqués. Ces deux masques avaient constamment les yeux sur nous; mais ma jeune amie leur tournant le dos, ne pouvait pas s'en apercevoir. Pendant le ballet, C. C. ayant mis le texte de l'opéra sur la hauteur d'appui de la loge, le masque homme allongea le bras et le prit. Jugeant par là que nous devions en être connus, je le dis à mon amie, qui se tourna et reconnut son frère. Le masque femelle ne pouvait être que son amie C. Comme P. C. connaissait le numéro de notre loge, il avait pris la loge voisine; et, comme ce ne pouvait pas être sans intention, je prévis qu'il allait faire souper sa sœur avec cette femme. J'en étais fâché, mais je ne pouvais éviter la chose qu'en rompant en visière, et j'étais amoureux.

Après le second ballet, il vint dans notre loge avec sa belle, et, après les compliments d'usage, la connaissance se trouva faite et nous dûmes aller souper à son casino. Dès que les deux masques furent démasqués, elles s'embrassèrent, et la maîtresse de P. C. combla ma jeune amie d'éloges et de prévenances. A table elle affecta de la traiter avec une affabilité extrême, et C. C., n'ayant pas l'usage du monde, la traita avec un extrême respect. Cependant, je voyais que C., malgré tout son art, laissait percer le dépit que lui causait la vue de la supériorité des charmes que j'avais préférés aux siens. P. C., fou de gaieté, s'épuisait en plates plaisanteries, dont sa belle seule riait; moi, dans ma mauvaise humeur, j'en haussais les épaules, et sa sœur n'y entendait rien et, par conséquent, n'y répondait point. En somme, notre quadrille, était fort mussade.

Au dessert, P. C., un peu échauffé par le vin, embrassa sa belle et me provoqua à imiter son exemple avec sa sœur. Je lui dis qu'aimant réellement C. C., je ne prendrais ces libertés que lorsque j'aurais acquis des droits sur son cœur. P. C. se mit à plaisanter là-dessus, mais C. lui imposa silence. Reconnaissant de cet acte de décence, je tirai de ma poche la douzaine de gants que j'avais achetée, et, après lui en avoir fait présent de six paires, je priai mon amie d'accepter les autres. P. C. se leva de table en riclanant, entraînant sa maîtresse qui était un peu dans les vignes du Seigneur, et se jeta avec elle sur un canapé. La scène devenant lubrique, je le plaçai de manière à la cacher, et j'entraînai mon amie dans l'embrasure d'une fenêtre. Je n'avais pu empêcher que C. C. ne vît dans une glace la situation des deux impudents, et elle avait le visage tout en feu; cependant, elle ne me tenait que des propos décents, elle me parlait de ses beaux gants qu'elle pliait sur la console.

Après son brutal exploit, l'impudent P. C. vint m'embrasser, et sa dévergondée compagne, imitant son exemple, embrassa ma jeune amie en lui disant qu'elle était sûre qu'elle n'avait rien vu. Elle lui répondit modestement qu'elle ne savait pas ce qu'elle aurait pu voir; mais un regard qu'elle m'adressa me fit deviner tout ce qu'elle éprouvait. Quant à ce que j'éprouvais moi-même, je le laisse à penser au lecteur, s'il connaît le cœur de l'homme. Comment supporter cette scène en présence d'une innocente que j'adorais, lorsque j'avais à combattre contre mes propres désirs pour ne pas en abuser? J'étais sur des charbons; la colère et l'indignation aux prises avec la retenue qui m'était commandée par le besoin de me conserver à elle, me causaient un tremblement universel. Messieurs les inventeurs de l'enfer n'auraient pas manqué d'y placer cette souffrance, s'ils l'avaient connue. L'impudique P. C. avait cru, dans sa brutale action, me donner une grande preuve de son amitié, comptant pour rien le déshonneur de sa maîtresse et la délicatesse de sa sœur qu'il exposait à la prostitution. Je ne sais comment j'eus le courage de ne pas l'étrangler. Le lendemain, étant venu me voir, je l'accablai de reproches, et il tâcha de s'excuser en me disant qu'il ne l'aurait jamais fait s'il n'avait été persuadé que j'avais déjà traité sa sœur en tête à tête comme il avait traité sa maîtresse devant nous.

Mon amour pour C. C. acquérait à chaque instant un nouveau degré d'intensité, et j'étais décidé à tout entreprendre pour la mettre à l'abri du parti que cet indigne frère aurait pu tirer d'elle en la livrant à quelqu'un de moins scrupuleux que moi. L'affaire me semblait pressante. Quelle horreur! quelle espèce inouïe de séduction! Quel étrange moyen de gagner mon amitié! Et je me voyais dans la dure nécessité de dissimuler avec l'être que je méprisais le plus au monde! On m'avait informé qu'il était obéré,

qu'il avait fait banqueroute à Vienne, où il avait femme et enfants; qu'à Venise il avait compromis son père, qui avait été obligé de le chasser de la maison, et qui, par commisération, faisait semblant de ne pas savoir qu'il y logeait encore. Il avait séduit sa femme, ou plutôt sa maîtresse, que son mari ne voulait plus revoir, et, après lui avoir tout mangé, il cherchait à tirer parti de sa prostitution parce qu'il ne savait plus où donner de la tête. Sa pauvre mère, dont il était l'idole, lui avait donné tout ce qu'elle possédait, même ses nippes; et moi, je m'attendais à me voir importuner de quelque somme prêt ou caution; mais j'étais fermement disposé à tout lui refuser. Je ne pouvais supporter l'idée que C. C. dût devenir la cause innocente de ma ruine et servir d'instrument à son frère pour entretenir ses débauches.

Poussé par un sentiment irrésistible, par ce qu'on appelle de l'amour parfait, dès le lendemain j'allai voir P. C., et, après lui avoir dit que j'adorais sa sœur avec l'intention la plus pure, je lui fis sentir toute la peine qu'il m'avait faite en oubliant tous les égards de cette pudeur que le libertin le plus achevé ne doit jamais blesser s'il a quelque prétention à la bonne société.

— Dussé-je, lui dis-je, renoncer au plaisir de voir votre angélique sœur, je suis décidé à ne plus la trouver avec vous; mais je vous préviens que je saurai empêcher qu'elle ne sorte avec vous pour devenir entre vos mains le prix de quelque marché infâme.

Il s'excusa de nouveau sur son ivresse et sur ce qu'il ne croyait pas que j'eusse pour sa sœur un amour qui excluât la jouissance. Il me demanda pardon, m'embrassa en pleurant, et j'allais peut-être me laisser attendrir quand je vis entrer sa mère et sa sœur, qui me remercièrent avec effusion de cœur du joli présent que je leur avais fait. Je répondis à la mère que je n'aimais sa fille que dans l'espérance qu'elle me l'accorderait pour épouse.

— Dans cet espoir, madame, ajoutai-je, je ferai parler à monsieur votre époux, aussitôt que je me serai assuré un état qui me mette à même de la faire vivre convenablement et de mettre à la rendre heureuse.

En disant cela, je lui baisai la main, et d'une façon si émue que les larmes me coulaient le long des joues. Ces larmes furent sympathiques et firent couler celles de cette bonne mère. Après m'avoir remercié affectueusement, elle me laissa avec sa fille et son fils, qui semblait être transformé en statue.

C'était le jour de la Pentecôte, et, comme il y avait relâche au théâtre, P. C. me dit que si je voulais me trouver le lendemain au même endroit que les autres jours, il me remettrait sa sœur et que, comme l'honneur ne lui permettait pas de laisser Mme C. seule, ils nous laisseraient en toute liberté.

— Je vous donnerai ma clef, me dit-il, et vous reconduirez ma sœur ici après que vous aurez soupé où bon vous semblera.

En achevant ces mots, il me donna la clef que je n'eus pas la force de refuser, et il nous laissa. Je sortis un instant après lui, et disant à mon amie que nous irions le lendemain au jardin de la Zuecca.

— Le parti qu'a pris mon frère, me dit-elle, est le plus honnête qu'il pût prendre.

Je fus exact au rendez-vous, et, brûlant d'amour, je pressentais ce qui allait arriver. J'avais eu soin de louer une loge à l'Opéra, mais pour attendre le soir nous allâmes à notre jardin. Comme c'était un jour de fête, il y avait plusieurs petites sociétés à des tables séparées, et, ne voulant nous mêler avec personne, nous résolûmes de rester dans un appartement que nous nous fîmes donner, ne nous souciant de voir l'opéra que vers la fin; en conséquence, j'ordonnai qu'on nous servît à souper. Nous avions sept heures devant nous, et ma charmante amie me dit que nous ne nous ennuierions pas. Elle se débarrassa de son accoutrement de masque, et vint s'asseoir sur mes genoux en me disant que j'avais achevé de la subjuguer par la manière dont je lui avais ménagé après l'affreux souper; mais tous nos raisonnements étaient accompagnés de baisers qui peu à peu devenaient de flamme.

Elle me dit :

— Mais à propos, mon ami, explique-moi les mots qui sont brodés sur les jarretières.

— Y a-t-il une devise? Je n'en savais rien.

— Oh! oui; c'est français : faites-moi le plaisir de lire.

Assise sur moi, elle me détache une jarretière pendant que je lui détache l'autre. Voici les deux vers, que j'aurais dû lire avant de lui faire ce présent :

En voyant chaque jour le bijou de ma belle,
Vous lui direz qu'Amour veut qu'il lui soit fidèle.

Ces vers, fort libres sans doute, lui parurent bien faits, comiques et pleins d'esprit. J'éclatai de rire, et je redoublai lorsque, pour la contenter, je dus lui en traduire le sens. Comme c'était une idée neuve pour elle, j'eus besoin d'entrer dans des détails qui nous mirent tous en feu.

— Je n'oserai plus, me dit-elle, faire voir mes jarretières à personne, et j'en suis fâchée.

Comme j'avais pris un air pensif :

— Dis-moi, me dit-elle, à quoi tu penses?

— Je pense que ces fortunées jarretières ont un privilège que je n'aurai peut-être jamais. Que je voudrais être à leur place! Je mourrai peut-être de ce désir, et je mourrai malheureux.

— Non, mon ami, car je suis dans ton même cas, et je suis sûre de vivre. D'ailleurs nous pouvons hâter notre mariage. Pour moi, je suis prête à te donner ma foi dès demain, si tu veux. Nous sommes libres, et mon père devra y consentir.

— Tu raisonnes juste, car l'honneur même l'y forcerait. Cependant je veux lui donner une marque de respect en te faisant demander, et ensuite notre maison sera bientôt faite. Ce sera dans huit ou dix jours.

— Sitôt? Tu verras qu'il répondra que je suis trop jeune.

— Et il dira peut-être vrai.

— Non, car je suis jeune, mais non pas trop, et je suis bien sûre que je puis être ta femme.

J'étais sur une fournaise, et toute résistance au feu qui me brûlait commençait à me devenir impossible. « Toi que je chéris, lui dis-je, es-tu bien sûre que je t'aime? Me crois-tu capable de te tromper? Es-tu certaine de ne jamais te repentir d'être mon épouse. »

— J'en suis plus que certaine, mon cœur; car tu ne saurais vouloir faire mon malheur.

— Eh bien, devenons époux dès cet instant. Dieu seul sera témoin de nos serments, et nous ne saurions en avoir de plus loyal, car il connaît la pureté de nos intentions. Donnons-nous réciproquement notre foi, unissons nos destinées et soyons heureux. Nous fortifierons notre tendre lien du consentement de ton père et des cérémonies de la religion aussitôt qu'il nous sera possible : en attendant sois à moi, sois toute à moi.

— Dispose de moi, mon ami. Je promets à Dieu et à toi d'être dès ce moment et pour la vie ta fidèle épouse. Je m'expliquerai ainsi à mon père, au prêtre qui bénira notre union, enfin à tout le monde.

— Je te fais le même serment, ma tendre amie, et je t'assure que nous sommes parfaitement mariés. Viens dans mes bras! achève mon bonheur.

— Oh! mon Dieu! est-il possible que je touche de si près au bonheur!

Après l'avoir tendrement embrassée, j'allai dire à la maîtresse du casino de ne nous apporter à manger que lorsque nous l'appellerions, et de ne point nous interrompre. Pendant cela ma charmante C. C. s'était jetée sur le lit habillée, mais je lui dis que les voiles importuns effarouchaient l'amour, et en moins d'une minute j'en fis une nouvelle Ève, belle et une comme si elle n'avait fait que sortir des mains du suprême artiste. Sa taille svelte, ses hanches saillantes, sa gorge parfaitement moulée, ses grands yeux d'où s'échappaient à la fois la douceur et l'étincelle du désir, tout en elle était d'une beauté parfaite et présentait à mes avides regards la perfection de la mère des amours embellie de tout ce que la pudeur répand de charmes sur les attraits de la jeune femme.

Hors de moi-même, je commençais à craindre que mon bonheur ne fût pas réel, ou qu'il ne pût pas devenir parfait par une complète jouissance, quand l'Amour malin s'avisa, dans un moment si sérieux, de me fournir matière à rire.

— Serait-ce une loi, me dit ma déesse, que l'époux ne doit pas se déshabiller?

— Non, cher ange, non; et s'il en était une, je la trouverais trop barbare pour m'y soumettre.

En un instant je fus débarrassé de tous mes vêtements, et mon amante se livra à son tour à toutes les impulsions de l'instinct et de la curiosité; car tout en moi était nouveau pour elle. Enfin, comme accablée de la jouissance des yeux, elle me presse contre son sein et s'écrie:

— Oh! mon ami, quelle différence de toi à mon oreiller!

— A ton oreiller, mon cœur? Mais tu ris : explique-moi cela.

C'est un enfantillage, mais tu n'en seras pas fâché?

— Fâché? pourrais-je l'être avec toi dans le plus doux instant de ma vie?

— Eh bien, depuis plusieurs jours, je ne pouvais pas m'endormir sans tenir mon oreiller entre mes bras; je le caressais, je l'appelais mon cher mari; je me figurais que c'était toi, et, quand une douce jouissance m'avait rendue immobile, je m'endormais, et le matin je retrouvais mon grand coussin entre mes bras.

Ma chère C. C. devint ma reine en héroïne, car l'excès de son amour lui rendit la douleur même délicieuse. Après trois heures passées dans les plus doux ébats, je me levai et l'appelai pour qu'on nous apportât à souper. Le repas fut frugal, mais délicieux. Nous nous entre-regardions sans parler, car que nous dire qui valût ce que nous sentions? Nous trouvions notre bonheur extrême, et nous en jouissions dans la persuasion que nous pouvions le renouveler à notre gré.

L'hôtesse monta pour nous demander si nous désirions quelque chose, et elle nous demanda si nous n'irions pas à l'Opéra, qu'on disait si beau.

— Est-ce que vous n'y avez jamais été?

— Jamais, car pour des gens comme nous c'est trop cher. Ma fille en est si curieuse que, Dieu me pardonne, je crois qu'elle se donnerait pour avoir le plaisir d'y aller une fois.

— Elle le payerait cher, dit ma petite femme en riant. Mon ami, nous pourrions faire son bonheur sans qu'il lui en coûtât si cher, car cela fait bien mal.

— J'y pensais, mon amie. Tiens, voilà la clef de la loge; tu peux leur en faire présent.

— Tenez, dit-elle à l'hôtesse, voici la clef d'une loge du théâtre Saint-Moïse : elle coûte deux sequins, allez-y à notre place, et dites à votre fille de garder sa rose pour quelque chose de mieux. Pour que vous puissiez bien vous divertir, la mère, voilà deux sequins, lui dis-je : faites bien amuser votre fille.

La bonne femme, tout ébahie de la générosité de ses hôtes, courut trouver sa fille pendant que nous nous applaudissions de nous être mis dans la nécessité de nous recoucher. L'hôtesse remonta avec sa fille, belle blonde très appétissante, et qui veut absolument baiser la main à ses bienfaiteurs. Elle va partir à l'instant avec son amoureux, nous dit la mère. N'est là-bas; mais je ne la laisserai pas aller seule, car c'est un gaillard qui vaut eux.

— Fort bien, ma bonne; mais à votre retour faites attendre la gondole qui vous mènera; nous nous en servirons pour retourner à Venise.

— Quoi! vous voulez rester ici jusqu'à notre retour?

— Oui, car nous nous sommes mariés aujourd'hui.

— Aujourd'hui? Dieu vous bénisse!

S'étant alors approchée du lit pour l'arranger, elle aperçut les traces vénérables de la sagesse de ma chère C. C.; et dans un mouvement de joie elle vint embrasser ma chère C. C.; ensuite elle se mit à baiser la main à sa fille en lui montrant ce qui, selon elle, faisait un bonheur infini à la jeune mariée : marques respectables, disait-elle, que l'hymen ne voit que rarement de nos jours sur un autel.

La fille répondit en baissant ses beaux yeux bleus qu'elle était sûre qu'il lui en arriverait autant à ses noces.

— J'en suis certaine aussi, car je ne la perds jamais de vue. Va chercher de l'eau dans cette cuvette et porte-la ici; car cette charmante mariée doit en avoir besoin.

La fille obéit; ensuite, ces femmes étant sorties, nous nous couchâmes et quatre heures de délicieuses extases se passèrent avec une extrême rapidité. Notre dernière luite aurait été plus longue s'il n'était venu à ma charmante amie le caprice de se mettre à ma place et de renverser les rôles. Épuisés de bonheur et de jouissance, nous nous endormîmes, quand l'hôtesse vint nous dire que la gondole nous attendait. Je me levai de suite pour lui ouvrir dans l'espoir de rire de ce qu'elle nous conterait de l'Opéra; mais je laissai ce soin à sa fille, qui était montée avec elle, et qui alla nous préparer le café. La blondine aida mon amie à s'habiller, mais de temps en temps elle me donnait des œillades qui me donnèrent à penser qu'elle avait plus d'expérience que sa mère ne lui en supposait.

Nous prîmes du café bien chaud, et je dis à notre hôtesse de nous préparer, pour le jour suivant, un dîner délicat; ensuite nous partîmes. L'aube du jour commençait à poindre lorsque nous nous débarquâmes à la place Sainte-Sophie pour mettre en défaut la curiosité des gondoliers, et nous nous quittâmes heureux, contents, et certains que nous étions parfaitement mariés. J'allai me coucher, déterminé à obliger, par la voie de l'oracle, M. de Bragadin à me faire avoir légalement la main de mon adorable C. C. Je restai au lit jusqu'à midi, et je passai le reste de la journée à jouer malheureusement, comme si la fortune avait voulu m'avertir qu'elle n'était pas d'accord avec mon amour.

V

Continuation de mes amours avec C. C. — M. de Bragadin demande cette jeune personne pour moi. — Son père la refuse et la met dans un couvent. — Divers accidents.

La douceur du sentiment que me causait mon amour m'avait rendu si sensible à la perte que j'avais faite, et tout occupé de mon aimable amie, ma tête semblait fermée à toute idée qui ne lui était pas relative.

Je m'occupais d'elle le lendemain matin quand son frère se présenta d'un air rayonnant en me disant:

— Je suis sûr que vous avez couché avec ma sœur, et j'en suis ravi. Elle n'en convient pas, mais son aveu est inutile. Je vous l'amènerai aujourd'hui.

— Vous me ferez plaisir, car je l'adore, et je vais la faire demander à M. votre père d'une manière qu'il ne pourra point me la refuser.

— Je le désire, mais j'en doute. En attendant, je me trouve forcé de vous prier de me rendre un nouveau service. Je puis avoir, moyennant un billet payable en six mois, une bague qui vaut deux cents sequins et que je suis sûr de revendre aujourd'hui pour le même prix. Cette somme m'est indispensable; mais, sans votre caution, le bijoutier, qui vous connaît, ne me la donnera pas. Me ferez-vous ce plaisir? Je sais que vous avez perdu hier; si vous en avez besoin, je vous donnerai cent sequins, que vous me rendrez à l'échéance du billet.

Comment faire pour lui refuser? Je voyais bien que je serais sa dupe; mais j'aimais tant sa sœur!

— Je suis prêt, lui dis-je, à signer le billet; mais vous avez tort d'abuser de ma tendresse pour votre sœur.

Nous sortîmes, et, le marchand ayant accepté ma caution, nous finîmes cette affaire; mais ce marchand, qui ne me connaissait pas, si ce n'est de nom, croyant me faire un compliment, dit à P. C. que, sous ma caution, tout son magasin était à son service. Je fus peu flatté du compliment, mais je crus y reconnaître la fourberie de P. C., qui avait l'adresse de découvrir, un sur cent, le malavisé qui, sans aucun fondement, m'accordait sa confiance, que je n'avais rien. C'est ainsi que mon angélique C. C., qui semblait devoir faire mon bonheur, était l'innocente cause de ma ruine.

A midi, P. C. vint me mener sa sœur; et voulant sans doute me prouver qu'il était honnête homme, car ce sont toujours les fripons qui se mettent en frais pour cela, il me rendit le billet du vin de Chypre que j'avais cautionné, m'assurant en même temps qu'à notre première entrevue il me remettrait les cent sequins qu'il m'avait promis.

Je menais comme à l'ordinaire mon amie à la Zuecca, je fis fermer le jardin, et nous dînâmes sous une treille. L'hôtesse, qui m'avait trouvé généreux, nous servit en gibier et en poisson, et sa blondine nous servit à table. Ce fut elle aussi qui vint déshabiller mon amie dès que nous fûmes montées pour nous livrer aux douceurs de notre nouvel hyménée.

Dès que nous fûmes seuls, mon amie me demanda ce que c'était que les cent sequins que son frère devait m'apporter, et je lui dis ce qui s'était passé entre nous.

— Je t'en supplie, me dit-elle, mon ami, à l'avenir refuse-lui absolument tout; car le malheureux est si obéré, qu'il finirait par t'entraîner dans le précipice où il ne peut manquer de tomber.

Cette fois nos plaisirs nous parurent plus solides; nous les savourions avec plus de délicatesse, et, pour ainsi dire, nous le raisonnions.

— O! mon ami, me disait-elle, fais ton possible pour me rendre mère; car alors mon père ne pourra plus prétexter de ma trop grande jeunesse pour refuser de me marier.

J'eus beaucoup de peine à lui faire comprendre que l'accomplissement de ce vœu, quoiqu'il fût aussi le mien, ne dépendant pas entièrement de nous; mais qu'il était probable que, disposés comme nous l'étions, cela arriverait tôt ou tard.

Après avoir travaillé de notre mieux à l'accomplissement de ce grand œuvre, nous passâmes plusieurs heures dans un sommeil profond et délicieux. Dès que nous fûmes réveillés, je fis venir des bougies et du café, ensuite nous nous remîmes en action dans l'espoir de parvenir à l'accord de cette pâmoison commune qui devait assurer notre bonheur. Ce fut au milieu de nos plus doux ébats que l'aube matinale vint nous surprendre, et nous nous hâtâmes de rentrer à Venise assez à temps pour éviter l'œil de la curiosité.

Nous remettrons la partie le vendredi; mais je ferai grâce à mes lecteurs de la peinture de mes nouvelles jouissances : ils pourraient bien ne pas sa plaindre à mes redites. Je dirai seulement qu'ayant de nous séparer, nous fixâmes, mon amie et moi, notre dernière partie au jardin pour le lundi suivant, dernier jour de masques.

Ainsi le lundi matin ayant vu P. C., qui me confirma le rendez-vous au même lieu et à la même heure, je ne manquai pas de m'y trouver. La première heure, malgré l'impatience, se passa vite; mais la seconde est d'une longueur accablante. Cependant j'attendis la troisième et la quatrième sans que je visse venir le couple que j'attendais. J'étais dans un état à ne me figurer que les choses les plus sinistres. Si C. C. n'avait pas pu sortir, son frère aurait dû venir me le dire. Mais il se pouvait que quelque contre-temps invincible l'en eût empêché, et je n'aurais pas voulu-même l'aller chercher chez elle, quand ce n'aurait été que la crainte de les manquer en chemin. Enfin, au moment où les cloches sonnaient l'Angelus, je me vois accosté par C. C. seule et masquée.

— J'étais sûre, me dit-elle, que tu étais ici, et j'ai laissé dire à ma mère. Me voilà. Tu dois être mort de faim. Mon père n'a point paru de toute la journée. Allons vite à notre jardin, car j'ai besoin de manger aussi : et puis l'amour nous consolera de tout ce que nous avons souffert aujourd'hui.

Elle m'avait tout dit sans me laisser le temps de placer un mot; je n'avais rien à lui demander : nous partîmes, et nous nous mîmes dans une gondole pour nous rendre à notre jardin.

Nous passâmes, dans notre casino, six heures fortunées et marquées par de nombreux exploits amoureux; le sommeil cette fois ne fut pas de la partie. La seule pensée qui troublait notre joie, c'était que, le temps des masques étant fini, nous ne savions comment, dans la suite, nous procurer de ces entretiens amoureux. Nous convînmes que le mercredi matin j'irais faire une visite à son frère, et qu'elle y viendrait, comme de coutume.

Nous prîmes congé de la bonne jardinière, qui, ne pouvant plus se flatter de nous revoir, nous exprima tous ses regrets et nous combla de bénédictions, ensuite je reconduisis heureusement mon amie jusqu'à sa porte, et je me retirai.

Amoureux outre mesure, je crus ne pouvoir plus différer une démarche dont je croyais que dépendait mon bonheur. Ainsi, après le dîner, dès que la société fut partie, je priai M. de Bragadin et ses deux amis de me donner deux heures d'audience dans le cabinet où nous étions inaccessibles. Là, sans nul exorde, je leur dis que j'étais amoureux de C. C. et déterminé à l'enlever s'ils ne trouvaient pas le moyen de la faire accorder par son père pour ma légitime épouse. Il s'agit, dis-je à M. de Bragadin, de me faire un état suffisant pour ma vie, et d'assurer dix mille ducats que cette jeune personne m'apporterait en dot. Leur réponse fut que si Paralis leur donnait toutes les instructions nécessaires, ils obéiraient avec plaisir. Je passai deux heures à faire toutes les pyramides qu'ils désirèrent, et la conclusion fut que M. de Bragadin en personne demanderait la jeune personne à son père, l'oracle donnant pour raison de ce choix que le même qui devait être le père de celui qui, au moyen de tous ses biens présents et à venir, assurerait la dot. Le père de mon amie étant alors à la campagne, je leur dis qu'ils seraient exactement avertis de son retour, et qu'ils devaient être tous trois réunis quand M. de Bragadin lui ferait la demande de la main de sa fille.

Très satisfait de ma démarche, je me rendis chez P. C. le lendemain matin. Une vieille femme m'ayant introduit, me dit que monsieur n'y était pas, mais que madame viendrait me parler. Elle vint en effet avec sa fille, et toutes deux me parurent fort tristes. J'en tirai mauvais augure, et C. C. me dit que son frère était en prison pour dettes; qu'il serait difficile de le faire sortir, parce que les sommes qu'il devait étaient trop considérables. La mère, tout en pleurant, me dit qu'elle était au désespoir de ne pouvoir le soutenir en prison, et me montra la lettre qu'il lui avait écrite, dans laquelle il la priait de remettre l'incluse à sa sœur. Je demandai à mon amie si je pouvais la lire; elle me la donna, et je vis qu'il la priait de le recommander à moi. Je la lui rendis en lui disant de lui écrire que je me trouvais dans l'impossibilité de rien faire pour lui; en même temps je suppliai la mère de recevoir vingt-cinq sequins, avec lesquels elle pourrait le secourir en lui en envoyant un ou deux à la fois. Elle ne consentit à les prendre qu'à force de prières que lui en fit sa fille.

Après cette scène fort peu réjouissante, je leur rendis compte de la démarche que j'avais faite pour obtenir la main de mon amie, Mme C. me remercia, trouva la démarche honorable et bien conduite; mais elle me dit de ne rien espérer, car son mari, qui tenait à ses idées, avait promis de ne la marier qu'à dix-huit ans et surtout qu'à un négociant. Il devait arriver ce jour-là même. Au moment de mon départ, mon amie me glissa un billet dans lequel elle me disait que je pouvais sans rien craindre, au moyen de la clef de la petite porte que j'avais, me rendre chez elle à minuit, que je la trouverais dans la chambre de son frère. Cela me combla de joie, car, malgré les doutes de la mère, j'espérais le succès le plus heureux.

Rentré chez moi, j'annonce à M. de Bragadin l'arrivée prochaine du père de mon adorable C. C., et aussitôt le respectable vieillard se mit à lui écrire en ma présence. Il le priait de lui assigner l'heure à laquelle il pourrait aller lui parler d'une affaire importante. Je le priai de ne lui envoyer sa lettre que le lendemain.

Le lecteur devine qu'à minuit je ne me fis pas attendre. J'entrai sans obstacle et je trouvai mon ange qui me reçut les bras ouverts.

— Tu n'as rien à craindre, me dit-elle; mon père est arrivé en parfaite santé et tout le monde dort dans la maison.

— Excepté l'amour, lui dis-je, qui nous invite au plaisir. Il nous protégera, mon amie, et demain ton père recevra un billet de mon digne protecteur. A ces mots, C. C. frissonna et eut un pressentiment trop juste. Mon père, me dit-elle, qui actuellement ne pense à moi comme on pense à un enfant, ouvrira les yeux sur moi, et, voulant éclairer ma conduite, Dieu sait ce qu'il fera. Maintenant nous sommes heureux, plus encore que lorsque nous allions à la Zuecca, puisque nous pouvons nous voir chaque nuit sans contrainte : mais que fera mon père, quand il saura que j'ai un amant?

— Que peut-il faire? S'il me refuse, je t'enlèverai, et le patriarche ne saurait me refuser la bénédiction nuptiale. Nous serons l'un à l'autre pour la vie.

— C'est le plus ardent de mes vœux, et je suis prête à tout pour cela; mais, mon ami, je connais mon père.

Nous passâmes deux heures ensemble, plus occupés de nos plaisirs que de nos peines : je la quittai en lui promettant de la revoir la nuit suivante. Je passai tristement le reste de la nuit, et vers le midi M. de Bragadin me dit qu'il avait envoyé le billet à son père, et que celui-ci avait fait répondre qu'il irait lui-même le lendemain à son palais pour y recevoir ses ordres. Je revis mon amante vers minuit et je lui rendis compte de ce qui s'était passé. C. C. me dit que la missive du sénateur l'avait beaucoup intrigué, car n'ayant jamais eu affaire à M. de Bragadin, il ne pouvait imaginer ce que ce seigneur pouvait lui vouloir. L'incertitude, une sorte de crainte et un espoir confus rendirent nos plaisirs bien moins vifs pendant les deux heures que nous passâmes ensemble. J'étais sûr que M. Ch. C., le père de mon amie, rentrerait chez lui aussitôt après son entrevue avec M. de Bragadin, qu'il ferait beaucoup de questions à sa fille, et que, dans son embarras, C. C. pourrait se trahir. Elle le sentait elle-même, et sa peine était visible. J'en étais extrêmement inquiet, et je souffrais de ne pouvoir lui donner aucun conseil, car je ne pouvais pas prévoir comment le père prendrait la chose. Elle devait naturellement lui cacher certaines circonstances qui auraient pu nous préjudicier, tandis que dans l'essentiel elle devait dire la vérité et se montrer très soumise à sa volonté. Je me trouvais dans une étrange situation, et surtout je me repentais d'avoir fait la grande démarche, précisément parce qu'elle devait avoir un résultat trop décisif. Nous nous séparâmes le cœur serré, mais avec l'espérance de nous revoir la nuit suivante : le contraire me semblait impossible.

Le lendemain, après dîner, M. Ch. C. vint chez M. de Bragadin, mais je ne me montrai pas. Il passa deux heures avec mes trois amis, et je sus, dès qu'il fut parti, qu'il avait répondu ce que la mère m'avait déjà dit, mais avec une circonstance de plus très affligeante pour moi : c'est qu'il allait faire passer à sa fille dans un monastère les quatre années qu'elle avait encore à attendre avant de penser à se marier. Il avait fini par leur dire, comme un palliatif au refus, que si dans le temps j'avais un état solide, il pourrait consentir à notre union. Je trouvai cette réponse désolante, et, dans l'accablement où elle me jeta, je ne trouvai pas étonnant, la même nuit, de trouver la petite porte fermée en dedans.

Je retournai chez moi plus mort que vif, et je passai vingt-quatre heures dans la cruelle perplexité où l'on est quand on doit prendre un parti et qu'on ne sait lequel. Je pensais à un enlèvement, mais je découvrais mille difficultés qui pouvaient le rendre impossible, et le frère étant en prison, je trouvais fort difficile d'établir une correspondance avec sa femme : car je croyais telle C. C. bien autrement que si nous n'avions eu que la sanction d'un prêtre et le contrat d'un notaire.

Tourmenté par mille idées sombres ou désespérantes, le surlendemain je me décidai à aller faire une visite à Mme C. Une servante vint m'ouvrir et me dit que madame était allée à la campagne et qu'on ne savait pas quand elle serait de retour. Cette nouvelle fut presque un coup de foudre : je restai comme une statue, sans mouvement ; car, n'ayant plus cette ressource, je voyais sans aucun moyen de me procurer le moindre renseignement. Je m'efforçais de me montrer calme en présence de mes trois amis, mais j'étais, dans le fait, dans un état à faire pitié, et le lecteur le concevra peut-être quand je lui aurai dit que, dans mon désespoir, je me résolus à faire une visite à P. C. dans sa prison, espérant pouvoir apprendre quelque chose par sa voie.

Cette démarche fut infructueuse, il ne savait rien et je le laissai dans son ignorance.

Deux jours après le refus du père, M. de Bragadin et ses deux amis étaient allés à Padoue pour y passer un mois. J'étais resté seul au palais, le triste état de mon âme ne m'ayant pas permis de les accompagner. Cherchant de la dissipation, j'avais joué, et, joueur par distraction, j'avais constamment perdu ; j'avais vendu tout ce que j'avais de quelque prix et je devais partout. Je n'avais de secours à espérer que de mes trois bienfaisants amis, et la honte m'empêchait de leur découvrir mon état. Je me trouvais dans la situation la plus propre au suicide, et j'y pensais en me rasant devant une glace, quand un domestique entra dans ma chambre avec une femme qui m'apportait une lettre. Cette femme s'approche et, me présentant la lettre :

— Êtes-vous, me dit-elle, la personne à qui elle s'adresse ?

Je vois l'empreinte d'un cachet que j'avais donné à C. C. ; je crus tomber mort. Pour me calmer, je dis à la femme d'attendre, pensant à finir de me raser ; mais la main me refusait son ministère. Je pose le rasoir, et, tournant le dos au porteur, je détache la lettre et je lis ce qui suit :

« Avant d'écrire en détail, je dois m'assurer de cette femme. Je suis en pension dans le couvent, très bien traitée, et je jouis d'une santé parfaite, malgré le trouble de mon esprit. La supérieure a ordre de ne me laisser voir personne et de ne me permettre aucune correspondance avec qui que ce soit. Cependant je suis déjà sûre de pouvoir t'écrire malgré la défense. Je ne doute pas de ta foi, mon cher amant, et je suis certaine que tu ne douteras jamais d'un cœur où tu règnes tout entier. Compte sur mon empressement à faire tout ce que tu m'ordonneras ; car je suis à toi et à toi seul. Réponds-moi peu de mots jusqu'à ce que nous soyons sûrs de notre messagère.

« De Muran, le 12 juin. »

Cette jeune personne était devenue savante en morale en moins de trois semaines ; mais elle avait eu l'amour pour précepteur, et l'amour fait des miracles.

Je demandai à cette femme si elle savait lire.

— Ah ! monsieur, si je ne le savais pas, je serais bien à plaindre. Nous sommes sept femmes destinées au service des saintes religieuses de Muran. Chacune de nous vient à son tour à Venise une fois par semaine ; j'y viens tous les mercredis, et d'aujourd'hui en huit je pourrai vous apporter la réponse de la lettre que, si vous voulez, vous pouvez écrire actuellement.

— Vous pouvez donc vous charger des lettres que les religieuses veulent vous confier ?

— Cela n'entre pas dans nos conventions ; mais la plus importante des commissions qu'on nous donne étant la remise fidèle des lettres, on ne voudrait pas de nous si nous n'étions pas en état de lire l'adresse de celles dont nous sommes chargées. Les religieuses veulent être sûres que nous ne donnerons pas à Pierre la lettre qu'elles écrivent à Paul. Nos mères ont toujours peur que nous ne fassions cette balourdise. Vous me verrez donc d'aujourd'hui en huit à la même heure ; mais donnez ordre qu'on vous réveille si vous dormiez, car on nous mesure le temps au poids de l'or. Soyez surtout bien sûr de ma discrétion tant que vous aurez affaire à moi ; car, si je ne savais pas me taire, je perdrais mon pain, et alors que ferais-je, veuve et avec quatre enfants, un fils de huit ans, et trois jolies filles dont l'aînée n'a que seize ans ? Vous serez le maître de les voir quand vous viendrez à Muran. Je demeure auprès de l'église du côté du jardin, et je suis toujours chez moi ou occupée pour le service du couvent, dont les commissions ne tarissent pas. Mademoiselle, dont je ne sais pas encore le nom, car il n'y a que huit jours qu'elle est chez nous, m'a donné cette lettre, mais si adroitement ! Oh ! elle doit être aussi spirituelle qu'elle est belle ; car trois religieuses présentes ne se sont aperçues de rien. Elle me l'a donnée avec ce billet tout nu, que je vous laisse aussi. La pauvre enfant ! elle me recommande le secret, mais elle peut y compter. Écrivez-lui, je vous prie, qu'elle peut être sûre, et répondez-lui de moi hardiment. Je ne vous dirai pas d'en faire autant des autres, quoique je les croie toutes très honnêtes, car Dieu ne veuille que je pense mal de mon prochain ; mais, voyez-vous, elles sont toutes ignorantes, et il est sûr qu'elles jasent au moins avec leur confesseur. Pour moi, grâce à Dieu, je sais bien que je ne dois au mien que l'aveu de mes péchés et porter une lettre d'une chrétienne à un chrétien n'en est pas un. Au reste, mon confesseur est un bon vieux moine, sourd, je crois, car le bonhomme ne répond jamais rien ; mais s'il l'est, ce sont ses affaires et non les miennes.

Je me mis de suite à répondre à mon amie.

Je la priais de ne pas manquer de m'écrire tous les mercredis, d'être persuadée que ses lettres ne seraient jamais assez longues, et qu'elle devait me rendre un compte détaillé non seulement de tout ce qu'on lui faisait faire, mais aussi de toutes ses pensées sur le projet de briser ses chaînes et de détruire tous les obstacles qui pourraient s'opposer à notre mutuel bonheur ; car je me devais tout entier à elle, comme elle me disait qu'elle se devait toute à moi. Je lui insinuais qu'elle devait employer tout son esprit à se faire aimer de toutes les religieuses et des pensionnaires, sans cependant leur faire aucune confidence, ni montrer aucun mécontentement qu'on lui eût mise au couvent. Après l'avoir louée sur son esprit qui avait trouvé le moyen de m'écrire malgré la prohibition de la supérieure, je lui faisais sentir qu'elle devait avoir le plus grand soin de ne point se laisser surprendre pendant qu'elle écrivait. Brûle toutes mes lettres, mon amie, lui disais-je, et règle-toi sur la nécessité de te confesser souvent sans nous compromettre.

Après avoir cacheté ma lettre de manière que le sequin sous la cire fût indévinable, je récompensai la femme en l'assurant que je continuerais à la récompenser de même chaque fois qu'elle m'apporterait une lettre de mon amie. Quand elle se vit un sequin dans la main, la bonne femme se mit à pleurer de joie, et elle me dit que, n'ayant point de clôture pour elle, elle remettrait la lettre aussitôt qu'elle trouverait ma chère recluse seule.

La lettre de ma charmante femme me combla de joie, et je sentis en un instant d'une extrême peine à un extrême plaisir. Je me sentais sûr de l'enlever, quand bien même les murs du couvent auraient été garnis d'artillerie. Ma première pensée, après le départ de la messagère, fut de trouver le moyen de bien passer les sept jours après lesquels je devais recevoir la seconde lettre.

La semaine s'était à peine écoulée quand la messagère de Muran me remit une nouvelle lettre en me disant qu'elle reviendrait dans deux heures pour en recevoir la réponse. Cette lettre avait un journal de sept pages, mais la traduction fidèle pourrait ennuyer le lecteur ; mais en voici l'extrait.

Le père de C. C., après avoir parlé à M. de Bragadin, était rentré chez lui, avait appelé la mère et la fille dans sa chambre et lui avait demandé avec douceur où elle m'avait connu. Elle lui répondit qu'elle m'avait parlé quatre ou cinq fois dans la chambre de son frère, où je lui avais demandé si je consentirais à devenir ma femme, à quoi elle avait répondu qu'elle dépendait de son père et de sa mère. Le père lui avait dit alors qu'elle était trop jeune pour penser à se marier, et que d'ailleurs je n'avais pas encore d'état. Après cette sentence, il était allé dans la chambre du fils, avait fermé la petite porte en dedans ainsi que celle qui communiquait avec la chambre de la mère, et lui ordonna de me faire dire qu'elle était allée à la campagne dans le cas où je me présenterais pour lui faire visite.

Deux jours après, il alla la trouver au lit de sa mère qui était malade, et lui dit que sa tante allait la conduire au couvent, où elle resterait en pension jusqu'au moment où elle recevrait un époux des mains de son père et de sa mère. Elle lui avait répondu que, parfaitement soumise à ses volontés, c'était avec plaisir qu'elle lui obéissait. Content de sa docilité, son père lui promit de l'aller voir et l'assura que sa mère irait dès qu'elle serait rétablie. Un quart d'heure après, il alla la prendre, et une gondole les conduisit au couvent où elle se trouvait. On lui avait apporté son lit et ses effets; elle était très contente de sa chambre et de la religieuse à laquelle on l'avait consignée et dont elle dépendait. C'est d'elle qu'elle avait reçu la défense de recevoir ni lettres ni visites, ni d'écrire à personne sous peine d'excommunication du Saint-Père, de damnation éternelle et autres bagatelles pareilles; cependant cette même religieuse lui avait donné du papier, de l'encre et des livres, et c'était la nuit qu'elle transgressait les ordres monastiques en s'occupant de m'écrire ces détails. Mon amie me marquait qu'elle croyait la porteuse discrète et fidèle, et qu'elle pensait qu'elle le serait toujours, car elle était pauvre et nos sequins avaient une petite fortune pour elle.

Elle me disait d'une manière très plaisante que la plus belle de toutes les religieuses du couvent l'aimait à la folie, qu'elle lui donnait deux fois par jour des leçons de langue française, et qu'elle lui avait défendu amicalement de lier connaissance avec les pensionnaires. Cette religieuse n'avait que vingt-deux ans; elle était belle, riche et généreuse : toutes les autres lui témoignaient beaucoup d'égards. Quand nous sommes seules, me disait mon amie, elle me donne des baisers si tendres que tu en serais jaloux si c'était pas femme. Quant au projet d'enlèvement, elle me disait qu'elle n'en croyait pas l'exécution difficile, pourtant que la prudence devait nous conseiller d'attendre qu'elle eût pu m'informer exactement des localités, qu'elle ne connaissait pas encore suffisamment. Elle me recommandait la fidélité comme garant de la constance, et elle finissait par me demander mon portrait en bague, mais avec un secret qui ne fût connu que de nous. Elle me disait que je pourrais lui faire tenir le bijou par sa mère qui se portait bien, et qui tous les jours allait ouïr la première messe de sa paroisse. Elle m'assurait que sa bonne mère serait ravie de me voir et de faire ce que je lui demanderais. Au reste, j'espère me trouver dans quelques mois dans un état à scandaliser le couvent, si l'on s'obstine à vouloir m'y retenir.

Je finissais ma réponse quand Laure, la messagère, revint, pour la prendre. Après lui avoir donné le sequin promis, je lui remis un paquet avec de la cire d'Espagne, du papier, des plumes et un briquet, qu'elle me promit de remettre à ma belle. Mon amie lui avait dit que j'étais son cousin, et Laure faisait semblant de le croire.

Ne sachant que faire à Venise, j'étais allé passer quelques jours à Padoue.

Toujours occupé de ma chère C. C..., je passai tout le lendemain à me faire peindre en miniature par un habile Piémontais qui se trouvait à la foire de Padoue, et qui, plus tard, gagna beaucoup d'argent à Venise. Dès que mon portrait fut achevé, il me peignit une jolie sainte Catherine de la même grandeur, et un Vénitien, habile bijoutier, me fit la bague superbement bien. On ne voyait dans le chaton que la sainte; mais un point bleu, presque invisible sur l'émail blanc qui l'entourait, répondait au ressort qui faisait paraître mon portrait, ce qu'on obtenait en pressant ce point bleu avec la pointe d'une épingle.

Le vendredi, au moment où nous sortions de table, on vint me remettre un billet. Je fus fort surpris de reconnaître l'écriture de P. C... Il me disait d'aller le voir à l'Etoile, où il me donnerait une nouvelle qui m'intéresserait beaucoup. M'imaginant que ce pouvait être quelque chose concernant sa sœur, je m'y rendis à l'instant.

Je le trouvai avec Mme C..., et après lui avoir fait compliment sur sa délivrance, je lui demandai quelle nouvelle il avait à me donner.

— Je suis sûr, dit-il, que ma sœur est dans un couvent, et je saurais vous en dire le nom dès que je serai de retour à Venise.

— Vous m'obligerez, lui dis-je, faisant semblant de ne rien savoir.

Mais cette nouvelle n'avait été qu'un prétexte pour m'engager à l'aller voir, et son grand empressement avait une tout autre cause que ma satisfaction.

— J'ai vendu, me dit-il, mon droit d'approvisionnement pour trois ans pour la somme de quinze mille florins, et la personne avec qui j'ai fait ce marché m'a fait sortir de prison en cautionnant pour moi, et elle m'a avancé six mille florins en quatre lettres de change.

Il me montra ces effets endossés par un nom que je ne connaissais pas, mais dont il me dit l'éloge.

— Je veux, continua-t-il, acheter pour six mille florins d'étoffes de soie des fabriques de Vicence, et je donnerai aux fabricants mes mêmes lettres de change en payement. Je suis sûr de vendre bien vite ces étoffes et d'y faire un bénéfice de dix pour cent. Venez avec nous; je vous en donnerai pour deux cents sequins, et vous serez à couvert de la caution que vous avez eu la bonté de me faire pour la bague. En vingt-quatre heures tout sera fini.

La partie n'était pas de mon goût, mais je me laissai aveugler par l'envie de me couvrir de la somme que j'avais cautionnée et que je prévoyais devoir payer tôt ou tard. Si je n'y vais pas, me dis-je à moi-même, il vendra les étoffes à vingt-cinq pour cent de perte, et je n'aurai rien. Je promis d'y aller. Il me fit voir différentes lettres de recommandation pour les premières maisons de Vicence, et nous convînmes de partir le lendemain de bonne heure.

Je fus à l'Etoile au point du jour. On attelle une voiture à quatre chevaux; l'hôte monte sa carte, et P. C... me prie de payer. La carte se montait à cinq sequins, dont quatre avaient été déboursés par l'hôte pour payer le voiturier qui les avait amenés de Fusine. Je vis le coup; mais je payai d'assez bonne grâce, car je devinai que mon bandit était parti de Venise sans le sou. Nous partons et nous arrivons à Vicence en trois heures, et nous allons descendre au Chapeau, où M. P. C... ordonna un dîner délicat, puis il me laissa avec la dame, pour aller parler aux fabricants.

Resté seul avec la belle, elle commence à me faire d'aimables reproches.

— Il y a, me dit-elle, dix-huit ans que je vous aime, car la première fois que je vous vis, c'était à Padoue et nous avions alors neuf ans.

Je ne m'en souvenais assurément pas. Elle était fille de l'antiquaire, ami de M. de Grimani, qui m'avait mis en pension chez la fatale Esclavonne. Cela me fit rire, car cela me rappelait que sa mère m'avait aimé.

Voilà bientôt des garçons de boutique qui apportent des pièces d'étoffes. Et le visage de Mme C... s'épanouit. En moins de deux heures la chambre en était encombrée, et P. C... rentre avec deux négociants qu'il avait invités. Mme C... fait d'aimables agaceries; on dîne, on fait profusion de vins exquis. L'après-dîner on apporte encore des étoffes : P. C... prend les états avec les prix; mais il en veut encore et on lui en promet pour le lendemain, quelque ce soit un dimanche.

Sur la brune, voilà des comtes qui arrivent; car à Vicence tous les nobles sont comtes. P. C... avait laissé chez eux les lettres qui le leur recommandaient. C'était un Velo, un Sesso, un Trento, tous fort aimables. Ils nous invitent au casino de la noblesse, et C... y brille par ses charmes et sa coquetterie. Après y avoir passé deux heures, P. C... engage tous ces messieurs à venir souper avec nous, et tout fut joie et profusion. Tout cela m'ennuyait fort, et, par conséquent, je n'étais pas aimable; aussi personne ne m'adressait la parole. Je me lève, et je vais me coucher, laissant la bande joyeuse à table. Le matin je descends, je déjeune et j'observe. La chambre était si encombrée de marchandises qu'il me parut impossible que P. C... pût suffire au payement des six mille florins en question. Il me dit que toute l'affaire serait achevée le lendemain et que nous étions invités à un bal où devait se trouver toute la noblesse. Les fabricants avec lesquels il avait fait ses affaires vinrent tous dîner avec nous, et le dîner fut servi avec une profusion marquée.

Nous allons au bal; mais je ne fus pas longtemps à m'impatienter sérieusement, car tout le monde parlait à C... à P. C..., qui ne disait rien qui vaille, et quand j'ouvrais la bouche on avait l'air de ne pas m'entendre. Je prends une dame pour danser un menuet, elle la danse, mais ayant toujours les yeux à droite ou à gauche en me faisant figure comme un mannequin. On forme une contredanse, et on arrange la chose de manière que j'en suis exclu, et la même dame qui m'avait refusé danse avec un autre. S'il j'avais été de bonne humeur, je ne l'aurais pas souffert, mais après lui avoir jeté un regard de mépris, je préférai quitter le bal, j'allai me coucher, ne comprenant pas la raison que la noblesse vicentine pouvait avoir de me traiter ainsi. Peut-être ne me négligeait-on que parce que je n'étais pas nommé dans les lettres de P. C...; mais on aurait dû connaître les lois de la politesse. Je prends patience, car nous devions partir le lendemain.

Le lundi, le couple fatigué dormit jusqu'à midi, et, après dîner, P. C... sortit pour aller payer les étoffes qu'il avait choisies.

Nous devions partir le lendemain, mardi, de bonne heure, et je soupirais par instinct après ce moment. Les comtes que P. C... avaient invités, enchantés par sa maîtresse, vinrent souper; mais j'évitai de me trouver à table avec eux.

Le mardi matin, on vint m'annoncer que le déjeuner était servi. Je tarde, le garçon remonte et me dit que madame mon épouse me priait de me hâter. A ce mot d'épouse, je réponds au pauvre jeune homme par un vigoureux soufflet, et, dans ma fureur, je le poursuis à coups de pied jusqu'au bas de l'escalier, qu'il descendit en quatre sauts, au risque de se casser le cou. J'entre en fureur dans la chambre où l'on m'attendait, et m'adressant à P. C..., je lui demande quel est le gredin qui m'a annoncé à l'auberge pour l'époux de madame. Il me répond qu'il n'en sait rien; mais au même instant l'hôte entre dans la salle avec un grand couteau à la main, et me demande avec colère pourquoi j'avais fait sauter l'escalier à son garçon. Je saisis promptement un pistolet, et le menaçant à mon tour, je somme d'un ton impératif de me dire qui m'a fait passer dans son auberge pour l'époux de madame.

— C'est, me répond l'hôte, M. le capitaine P. C... qui, lui-même, a donné la consigne.

A ces mots, je saisis l'impudent au collet, et d'un bras vigoureux je le pousse contre la muraille, où l'hôte vint m'empêcher de lui briser le crâne avec la crosse de mon pistolet. Madame avait fait semblant de s'évanouir, car les femmes de cette sorte ont toujours des larmes et des évanouissements à leurs ordres, tandis que l'indigne P. C... s'évertuait à crier :

— Ce n'est pas vrai, ce n'est pas vrai !

L'hôte court chercher son livre de consigne, et d'un air furieux vient le mettre sous le nez du lâche, en défiant de répéter que ce n'était pas lui qui avait dicté : M. P. C..., capitaine impérial, avec M. et madame Casanova. Le drôle répond qu'il avait mal entendu, l'hôte lui colle le livre contre la figure avec assez de force pour le jeter tout étourdi contre la muraille.

Quand je vis l'indigne poltron souffrir ce traitement avilissant sans se souvenir qu'il avait une épée, je sortis de la salle en priant l'hôte de me faire atteler deux chevaux à une calèche pour Padoue. Écumant de rage et rougissant de honte, je monte dans ma chambre, reconnaissant trop tard la faute énorme que j'avais faite de m'associer à un coquin, et je prépare à la hâte mon sac de nuit. J'allais sortir, quand le C... entre dans ma chambre.

— Sortez, lui dis-je, car dans ma fureur je pourrais ne pas respecter votre sexe.

Elle se jette tout en pleurs sur un siège, me supplie de lui pardonner, m'assurant qu'elle n'était pas présente lorsque le drôle avait dicté la consigne. La femme de l'hôte survient et m'assure la même chose. Ma colère alors commence à s'évaporer en paroles, et je vois par la fenêtre la voiture que j'avais commandée attelée de deux bons chevaux. Je fais monter l'hôte pour lui payer ce à quoi ma part pouvait se monter; il me répond que n'ayant rien ordonné, je ne lui devais rien. Dans ces entrefaites, voilà le comte Velo qui paraît.

— Je gage, monsieur le comte, que vous avez cru que cette personne était ma femme.

— C'est ce que toute la ville sait.

— Comment, sacr.....? et vous avez pu le croire, sachant que je loge seul dans cette chambre, et surtout après avoir vu que je m'étais retiré avant-hier du bal et hier au soir seul en la laissant au milieu de tout le monde !

— Il y a des maris si commodes !

— Je ne crois pas avoir l'air d'être du nombre, et vous ne vous connaissez pas en hommes d'honneur : sortons d'ici, je vous le prouverai.

Le comte prit vite l'escalier et sortit de l'auberge. La malheureuse C... étouffait et me faisait pitié. Les larmes d'une femme sont une arme à laquelle je n'ai pu guère résister de ma vie. Je réfléchis que, partant dans ma colère, on pourrait se moquer de mon tapage et supposer que je participais à l'escroquerie. J'ordonnai à l'hôte de m'apporter le compte, voulant en payer la moitié. Il court le chercher; mais voilà une nouvelle scène. Mme C..., se jetant à genoux tout en pleurs, me dit que si je l'abandonnais elle était perdue, car elle n'avait point d'argent et nul effet pour mettre en gage.

— Comment, madame ! n'avez-vous pas pour six mille florins de lettres de change, ou les étoffes que vous avez achetées pour cette somme ?

— Il n'y a plus d'étoffes ; on les a toutes emportées, car les lettres de change que vous avez vues et que nous regardions comme de l'argent comptant n'ont excité que le rire des fabricants. Ils ont tout fait reprendre. Aurait-on pu s'attendre à cela ?

— Le coquin ! il avait tout prévu, et voilà pourquoi il m'a engagé à venir ici, et c'est juste que je porte la peine de ma faute.

Le mémoire que l'hôte m'apporta se montait à quarante sequins, somme énorme pour la dépense de trois jours : mais de cette somme il y avait beaucoup d'argent de déboursé par l'hôte. Je compris tout de suite que mon honneur exigeait que le payasse le mémoire en entier, et je ne balançai pas, ayant soin d'en tirer quittance par-devant deux témoins. Je donnai ensuite deux sequins au neveu de l'hôte pour le consoler de la claque que je lui avais donnée, et j'en refusai deux à la misérable C... qui me les fit demander par l'hôtesse.

C'est ainsi que se termina cette vilaine aventure, qui m'apprit à vivre, et dont je n'aurais pas dû avoir besoin.

Je revins à Padoue, où je ne m'arrêtai que pour prendre ma bague et dîner avec M. de Bragadin, qui, peu de jours après, retourna à Venise.

La messagère du couvent m'apporta une lettre de bonne heure : je la lus avec avidité; elle était tendre, mais ne contenait rien de nouveau. Dans la réponse que je fis à mon amie, je lui détaillai de tout affreux que venait de me faire son mauvais sujet de frère, et je lui annonçai la bague en lui apprenant le secret.

Suivant l'instruction que ma C. C... m'avait donnée, je fus un beau matin me poster dans un endroit d'où je pouvais voir sa mère entrer dans l'église. J'y entrai après elle, et m'étant mis à ses côtés, je lui dis que j'avais besoin de lui parler : elle me suivit dans le cloître. Après avoir tâché de la consoler et lui avoir assuré que je me conserverais inviolablement à sa fille, je lui demandai si elle allait la voir.

— Je compte, me dit-elle, aller embrasser cette chère enfant dimanche, et je lui parlerai de vous, cela lui fera un grand plaisir; mais je suis au désespoir de ne pouvoir vous dire où elle est.

— Je ne veux pas que vous me le disiez, ma bonne mère, mais permettez-moi seulement de vous prier de lui remettre cette bague. C'est l'image de sa patronne, lui dis-je, et vous devez l'engager à la porter toujours à son doigt, qu'elle lui adresse chaque jour ses prières, car, sans sa protection, elle ne pourra jamais devenir ma femme. De mon côté, dites-lui que tous les jours je m'adresse à saint Jacques en disant un Credo.

Enchantée de mes pieux sentiments et ravie de pouvoir inspirer à sa fille cette nouvelle dévotion, la bonne femme me promit de faire ce que je désirais. Je la quittai alors en lui remettant six sequins, que je la priai de faire agréer à sa fille pour ses petits besoins. Elle s'en chargea en m'assurant que son père avait soin qu'elle ne manquât pas du nécessaire.

La lettre qu'elle m'écrivit le mercredi suivant était l'expression du sentiment le plus tendre et le plus vif. Elle me disait que, sitôt qu'elle était seule, rien n'était plus prompt que la pointe de l'épingle qui faisait faire la culbute à la patronne en présentant à ses avides baisers les traits chéris de l'être qui était tout pour elle.

— Je ne cesse pas de te baiser, me disait-elle, lors même que quelque religieuse me surprend : car, lorsqu'elle s'approche, je n'ai qu'à faire tomber le couvercle, et ma bonne sainte cache tout. Les religieuses sont toutes édifiées de ma dévotion et de la confiance que je témoigne en la protection de ma bienheureuse patronne, qui, à ce qu'elles disent, est tout à fait mon portrait.

Ce n'était qu'une belle figure d'imagination; mais ma chère petite femme était si belle que la beauté lui ressemblait toujours. Elle me disait que la religieuse qui lui enseignait le français lui avait offert cinquante sequins de la bague, à cause de la ressemblance du portrait de la sainte, mais non par amour pour sa patronne, dont elle se moquait en lisant la vie. Elle me remerciait des dix sequins que je lui avais envoyés ; car sa mère les lui ayant remis devant plusieurs religieuses, elle se voyait en état de faire quelques dépenses sans éveiller les soupçons de ces nonnes jaseuses et curieuses. Elle aimait à faire de petits présents aux pensionnaires, et cela la mettait à même de satisfaire ce goût innocent.

VI

Malheur arrivé à ma chère C. C. — Je reçois une lettre anonyme d'une religieuse et j'y réponds. — Intrigue amoureuse.

n lundi, vers la fin de juillet, mon valet de chambre vint me réveiller à la pointe du jour en me disant que Laure voulait me parler. Je prévis quelque malheur, et je la fis entrer de suite. Voici la lettre qu'elle me remit :

« Mon cher ami, un malheur qui m'est arrivé hier au soir me désole d'autant plus, que je suis obligée de le cacher à tout le couvent. J'ai une affreuse hémorragie, et ne sait comment faire pour étancher le sang, car je n'ai pas beaucoup de linge, et Laure me dit qu'il en faudra une grande quantité si l'hémorragie dure ; je ne puis me confier à personne qu'à toi, et je te supplie de m'en envoyer autant que tu pourras. Tu vois que j'ai dû me confier à Laure, qui seule peut entrer chez moi à toute heure. Si je meurs, mon cher ami, tout le couvent saura de quoi je suis morte ; mais je pense à toi, et je tremble. Que feras-tu dans ta douleur ? Ah ! mon cœur, quel dommage ! »

Je m'habillai à la hâte tout en interrogeant Laure. Elle me dit clairement que c'était une fausse couche, et qu'il fallait agir dans le plus grand secret pour épargner la réputation de mon amie ; que du reste il ne lui fallait que beaucoup de linge, et que ce ne serait rien : langage ordinaire, qui n'apaisa point l'angoisse que j'éprouvais. Je sors avec Laure, nous allons chez un juif où j'achète une quantité de draps de lit et deux cents serviettes, et après avoir mis tout dans un grand sac, je pars pour Murano avec elle. Pendant le chemin, j'écrivis au crayon à mon amie d'avoir en Laure toute confiance, l'assurant que je ne quitterais pas Murano avant qu'elle ne fût hors de danger. Avant de débarquer, Laure me dit que, pour ne pas être remarqués, je ferais bien de me cacher chez elle. Dans tout autre temps, ç'aurait été enfermer le loup dans la bergerie. Elle me laissa dans une pauvre petite chambre au rez-de-chaussée. Quant à elle, après s'être chargée de linge partout où elle pouvait en cacher, elle se hâta de se rendre auprès de la malade, qu'elle n'avait point vue depuis ça veille au soir. J'espérais qu'elle la trouverait hors de danger, et il me tardait de la voir revenir avec cette nouvelle.

Elle fut absente pendant une heure, et elle revint, l'air triste, me dire que ma pauvre amie, ayant perdu beaucoup de sang pendant la nuit, se trouvait au lit, très faible; et qu'il fallait la recommander à Dieu, car si l'hémorrhagie ne cessait pas bientôt, il était impossible qu'elle y résistât vingt-quatre heures.

Quand je vis le linge qu'elle retira de dessous sa robe, je fis un mouvement d'horreur, et je crus mourir. C'était une boucherie! Laure croyant me consoler, me dit que je pouvais être bien sûr que le secret ne serait point trahi.

— Hé! que m'importe! Qu'elle vive, lui dis-je, et que le monde entier sache qu'elle est ma femme! Dans un autre moment, la sottise de cette pauvre Laure m'aurait fait rire; je n'en avais ni la force ni la disposition dans ce triste moment.

— La chère malade, me dit-elle, a souri en lisant le billet, et elle a assuré que, puisque vous étiez si près d'elle, elle ne mourrait pas. Cela me fit du bien; mais il faut si peu de chose à un homme pour le consoler ou pour abréger ses peines. Quand les religieuses seront à table, me dit Laure, j'y retournerai avec autant de linge que je pourrai en cacher sur moi; en attendant, je vais laver celui-là.

— A-t-elle eu des visites?

— Oh! certes, tout le couvent; mais personne ne se doute de rien.

— Mais avec la chaleur qu'il fait, elle ne peut avoir qu'une légère couverture, et il est impossible qu'on observe pas le gros volume que doivent faire les serviettes.

— Ce n'est pas à craindre, car elle se tient sur son séant.

— Que mange-t-elle?

— Rien, car il ne faut pas qu'elle mange.

Bientôt Laure sortit, et moi avec elle. J'allai chez un médecin où je perdis mon temps et mon argent à lui faire faire une longue recette dont je ne pus faire usage, car elle aurait mis tout le couvent dans le secret, ou plutôt le secret aurait été dévoilé à tout le monde : car secret de nonne perce bien vite les murs du couvent. D'ailleurs, le médecin de la maison aurait peut-être été le premier à le divulguer par esprit de vengeance.

De retour chez Laure, je me remis tristement dans mon pauvre gîte, et une demi-heure après cette messagère vint les larmes aux yeux me remettre le billet suivant, qui était presque illisible :

« Je n'ai pas la force de l'écrire, mon bon ami, car je m'affaiblis de plus en plus; je perds tout mon sang, et je commence à croire que le mal est sans remède. Je m'en remets à la volonté de Dieu, et je le remercie de ce que mon bonheur m'a couvert. Ne t'afflige pas trop. Ma seule consolation est de te savoir près de moi. Hélas! si je pouvais te voir un instant, je mourrais contente. »

L'aspect d'une douzaine de serviettes que Laure me montra me fit frémir, et cette bonne femme crut me consoler en me disant qu'avec une bouteille de sang on en imbiberait autant. Mon âme n'était pas disposée à recevoir des consolations d'une pareille assurance. J'étais au désespoir, et je me faisais les plus vifs reproches d'être la cause de la mort de cette innocente personne. Je me jetai sur un lit, et j'y demeurai comme abasourdi pendant plus de six heures, jusqu'au moment où Laure revint du couvent avec une vingtaine de serviettes toutes trempées. Elle ne lui permettait pas d'y retourner jusqu'au jour. Je passai une nuit affreuse sans prendre, sans dormir, me considérant avec horreur et repoussant les soins que les filles de Laure tâchaient de me prodiguer.

Le jour venait à peine de paraître quand Laure vint d'un air lamentable me dire que ma pauvre amie ne saignait plus. Je crus qu'elle était morte, et, poussant un cri :

— Elle ne vit plus! dis-je.

— Elle vit, monsieur; mais il est à craindre qu'elle ne passe point la journée, car elle est épuisée; elle a à peine la force d'ouvrir les yeux, et son pouls est à peine sensible.

Je respirai; je sentis que mon ange était sauvée.

— Laure, dis-je, cette nouvelle n'est point mauvaise; et pourvu que l'hémorrhagie ait totalement cessé, il n'y a qu'à lui donner quelque nourriture légère.

— On a envoyé chercher un médecin, il ordonna ce qu'il faut lui donner; mais, à vous dire vrai, je n'ai pas grand espoir.

— Assure-moi seulement qu'elle vit.

— Oui, je vous l'assure; mais vous sentez qu'elle me dira pas la vérité au docteur, et alors Dieu sait ce qu'il ordonnera. Je lui ai dit à l'oreille de ne rien prendre, et elle m'a comprise.

— Que Dieu le veuille! Vous me reverrez à midi.

— Pourquoi pas avant?

— Parce que sa chambre sera pleine de monde.

Ayant besoin d'espérer et me sentant défaillir de besoin, je me fis préparer quelque nourriture, et je me mis à écrire à mon amie pour le moment où elle pourrait me lire. Les moments du repentir sont bien tristes, et j'étais

véritablement bien à plaindre. J'avais le plus grand besoin de revoir Laure pour savoir ce qu'aurait dit le médecin. J'avais de fortes raisons de rire des oracles; cependant, je ne sais par quelle faiblesse, j'avais besoin de celui du médecin, et surtout de l'entendre propice.

Les jeunes filles de Laure me servirent à dîner, mais il me fut impossible de rien avaler.

Laure, que j'attendais avec une vive impatience, revint enfin, et me dit que ma chère malade était toujours dans le même état de langueur; que sa faiblesse avait fort surpris le médecin, qui ne savait à quoi l'attribuer.

— Il lui a ordonné des cordiaux et des bouillons légers, et, si elle peut dormir, il en répond. Le docteur lui a également ordonné une garde de nuit, et la malade a étendu la main vers moi comme pour me désigner. Maintenant je vous promets de ne plus la laisser ni nuit ni jour que pour venir vous en porter des nouvelles.

Je la remerciai, et je lui promis de la récompenser généreusement. J'appris avec beaucoup de plaisir que sa mère était allée la voir, qu'elle n'avait rien aperçu, et qu'elle lui avait fait les plus tendres caresses.

Me sentant plus tranquille, je donnai six sequins à Laure et un à chacune de ses filles, et je pris quelque chose à souper; ensuite je me couchai dans l'un des misérables lits qui se trouvaient dans la même chambre.

Le lendemain, de bonne heure, Laure m'apporta du baume. Elle vint d'un air gai me dire que ma chère malade avait bien dormi et qu'elle irait lui faire prendre une petite soupe. J'étais dans une espèce d'ivresse en l'entendant, et je croyais l'oracle d'Esculape mille fois plus certain que celui d'Apollon. Il n'était pourtant pas encore temps de chanter victoire, car il fallait que mon amie reprît des forces et réparât tout le sang qu'elle avait perdu, ce qui ne pouvait être que l'ouvrage du temps et de soins assidus et bien administrés. Je restai huit jours encore chez Laure, et n'en partis que lorsque mon amie me l'eût, pour ainsi dire, ordonné dans une lettre de quatre pages.

De retour à Venise, je revins à mes habitudes ordinaires; mais avec mon naturel, le moyen d'être content sans un amour positif! Je n'avais d'autre plaisir que celui de recevoir, tous les mercredis, une lettre de ma chère recluse, qui m'encourageait à l'attendre au lieu de m'engager à l'enlever. Laure m'assurait qu'elle était devenue très belle, et je mourais d'envie de la voir. L'occasion s'en présenta bientôt, et je ne la laissai pas échapper. Il devait y avoir une prise d'habit, cérémonie qui attire toujours beaucoup de visites; il était probable que les pensionnaires seraient également au parloir. Je ne courais aucun risque d'être ce jour-là plus remarqué que tout autre, car je me trouverais confondu dans la foule. Je m'y rendis donc sans rien dire à Laure, et sans en prévenir ma chère petite femme, et je crus tomber à la renverse en la découvrant, à quatre pas de moi, attentive à me considérer avec une sorte d'extase. Je la trouvai grandie et formée, et il me sembla qu'elle était plus belle qu'auparavant. Je n'eus des yeux que pour elle; elle n'en eut que pour moi, et je fus le dernier à quitter ce lieu, qui ce jour-là me parut être le temple du bonheur.

Trois jours après j'en reçus une lettre. Elle m'y peignit avec tant d'ardeur le plaisir qu'elle lui avait procuré ma présence, que je songeai à l'en faire jouir le plus souvent possible. Je lui répondis de suite qu'elle me verrait à la messe de son église tous les jours de fête. Cela ne me coûtait rien. Je ne la voyais pas, mais je savais qu'elle me voyait, et son plaisir rendait le mien parfait. Je ne pouvais rien craindre, car il était presque impossible que l'on pût me reconnaître dans cette église qui n'était fréquentée que par des bourgeois et des bourgeoises de Muran.

Après avoir entendu deux ou trois messes, je prenais une gondole de trajet, dont le barcarol ne pouvait avoir aucune curiosité de me connaître. Cependant je me tenais sur mes gardes, car je savais que l'intention du père de C. C... était qu'elle m'oubliât; et j'étais certain qu'il m'aurait conduite Dieu sait où, s'il avait eu le moindre soupçon que je susse où elle était.

Je raisonnais ainsi dans la crainte de ne pouvoir plus avoir aucune correspondance avec mon amie; mais je ne connaissais pas encore le caractère et la finesse des saintes filles du Seigneur. Je ne croyais pas non plus que ma personne eût quelque chose de remarquable, au moins pour un couvent; mais j'étais encore novice sur la curiosité des femmes, et surtout sur celle des cœurs oisifs; j'eus bientôt occasion de m'en convaincre.

Je n'avais fait ce manège que pendant un mois ou cinq semaines quand ma chère C. C... m'écrivit d'un style plaisant que j'étais devenu l'énigme de tout le couvent, tant les pensionnaires que les religieuses, sans en excepter les plus vieilles. Tout le chœur m'attendait à la minute; on s'avertissait quand on me voyait entrer et prendre l'eau bénite; on remarquait que je ne regardais jamais la grille derrière laquelle devaient être toutes les recluses, ni aucune femme qui entrât à l'église ou en sortît. Les vieilles disaient que je devais avoir quelque chagrin, dont je n'espérais me délivrer que par la protection de la Sainte Vierge, et les jeunes disaient que je devais être mélancolique ou misanthrope. Ma chère femme, qui en savait plus que les autres et qui n'en était pas aux conjectures, s'amusait beaucoup et m'amusait à me raconter tout cela. Je lui écrivis que si elle craignait que je pusse être connu, je cesserais d'y aller. Elle me répondit que je ne saurais lui imposer de plus douloureuse privation, et qu'elle me priait de continuer. Je crus pourtant devoir m'abstenir d'aller chez Laure, car il aurait été possible que ces commères embéguinées parvinssent à le savoir et découvrissent par là beaucoup plus qu'il n'était convenable qu'elles sussent. Mais ce genre de vie qui me desséchait, ne pouvait pas durer longtemps. D'ailleurs j'étais né pour avoir une maîtresse et pour vivre heureux avec elle. Ne sachant que faire, je jouais et je gagnais presque toujours ; malgré cela, l'ennui me faisait maigrir à vue d'œil.

Le jour de la Toussaint 1753, au moment où, après avoir entendu la messe, j'allais monter en gondole pour retourner à Venise, je vis une femme dans le goût de Laure qui, en passant près de moi, me regarda et laissa tomber une lettre. Je la ramasse, et j'aperçois la femme qui, m'ayant vu en possession de la missive, continue tranquillement son chemin. La lettre était adressée et le cachet représentait un nœud coulant. Je me hâtai d'entrer dans la gondole, et dès que je fus au large, brisant le cachet, je lus ce qui suit :

« Une religieuse qui, depuis deux mois et demi, vous voit tous les jours de fête à son église, désire faire votre connaissance. Une brochure que vous avez perdue et que le hasard a fait tomber entre ses mains, lui fait croire que vous parlez le français; mais si vous le préférez, vous pouvez lui répondre en italien, car elle désire surtout de la clarté et de la précision. Elle ne vous invite pas à la faire appeler au parloir, parce qu'avant que vous vous mettiez dans la nécessité de lui parler, elle veut que vous la voyez, et pour cela elle vous indiquera une dame que vous pourrez accompagner au parloir. Cette dame ne vous connaîtra pas et ne sera point, par conséquent, dans l'obligation de vous présenter, si par hasard vous ne voulez pas être connu.

« Si vous croyez que cette manière de faire connaissance ne soit pas convenable, la religieuse vous indiquera un casino à Muran où vous la trouverez seule, à la première heure de la nuit, le jour que vous lui marquerez. Vous pourrez rester à souper avec elle, ou vous en aller un quart d'heure après, si vous avez affaire ailleurs.

« Aimeriez-vous mieux lui donner à souper à Venise ? Fixez-lui le jour, l'heure nocturne et le lieu où elle doit se rendre, et vous la verrez sortir d'une gondole ; soyez seul sur le rivage, masqué et une lanterne à la main.

« Je suis certaine que vous me répondrez et que vous devinerez l'impatience avec laquelle j'attends votre réponse ; ainsi je vous prie de la remettre demain à la même femme qui vous aura fait tenir cette lettre ; vous la trouverez une heure avant midi dans l'église de Saint-Cancian, au premier autel à la main droite.

« Songez que si je ne vous supposais pas le cœur noble et l'esprit élevé, je ne me serais jamais déterminée à une démarche qui pourrait vous faire porter sur ma personne un jugement défavorable. »

Le ton de cette lettre, que je copie mot pour mot, me surprit plus que la chose même. J'avais des affaires ; mais je quittai tout pour aller m'enfermer et répondre. La démarche annonçait une folle, mais j'y trouvais une sorte de dignité et une singularité qui m'y attachaient. Il me vint dans l'idée que la religieuse pouvait être la même que celle qui donnait des leçons à mon amie. Ma chère femme pouvait avoir commis quelque indiscrétion ; mille idées me passaient par la tête ; mais je rejetais toutes celles qui n'étaient pas favorables à un projet qui me souriait. D'ailleurs, mon amie m'avait écrit que la religieuse qui lui donnait des leçons de français n'était pas la seule qui parlât cette langue. Je n'avais aucun motif pour supposer que si C. C. avait fait quelque confidence à son amie, elle ne m'en eût pas fait part. Malgré cela la religieuse qui m'écrivait pouvait être la belle amie de ma petite femme, comme elle pouvait être toute autre ; et cette possibilité me mettait passablement dans l'embarras. Voici ce que je crus pouvoir écrire sans me compromettre :

« Je vous réponds en français, madame, espérant que ma lettre aura la clarté et la précision dont vous me douez d'exemple.

« La matière est on ne peut plus intéressante, et elle me semble de la plus grande importance par rapport aux circonstances ; et devant répondre sans savoir à qui, vous sentez, madame, qu'à moins d'être un fat, je dois appréhender une mystification, et l'honneur m'oblige à me tenir sur mes gardes.

« S'il est donc vrai que la plume qui m'écrit soit celle d'une dame respectable qui me rend justice en supposant des sentiments nobles semblables aux siens, elle trouvera, je l'espère, que je ne puis répondre que comme je vais avoir l'honneur de le faire.

« Si vous m'avez cru digne, madame, de parvenir à l'honneur de vous connaître personnellement, quoique vous ayez pu me juger que sur l'apparence, je me crois dans l'obligation de vous obéir, quand ce ne serait que pour vous désabuser, si par hasard je vous avais volontairement induite en erreur.

« Des trois moyens que vous avez eu la bonté de m'offrir, je n'ose choisir que le premier, avec la restriction que votre esprit pénétrant m'a suggérée. J'accompagnerai au parloir une dame qui ne me connaîtra pas, et qui, par conséquent, ne pourra point me présenter.

« Ne jugez pas trop sévèrement, madame, les raisons spécieuses qui m'obligent à ne pas me nommer, et recevez la promesse que je vous fais sur mon honneur de n'apprendre votre nom que pour lui rendre hommage. Si vous trouvez à propos de m'adresser la parole, je ne vous répondrai qu'avec des témoignages du plus profond respect. Permettez-moi d'espérer que vous viendrez seule à la grille, et souffrez, que par manière d'acquit, je vous dise que je suis Vénitien et libre dans toute la force du terme. La seule raison qui m'empêche de choisir l'un des deux autres moyens offerts, et qui m'auraient mieux convenu que le premier, car ils m'honorent infiniment, est, permettez que je le répète, la crainte d'être pris pour dupe ; mais ces deux moyens ne seront point perdus dès que vous me connaîtrez et que je vous aurai vue. Je vous prie de croire à ma véracité, et de mesurer mon impatience sur la vôtre. J'irai demain, à la même heure et au même endroit, chercher votre réponse. »

Je me rendis au lieu indiqué, où, ayant trouvé le Mercure femelle, je lui remis ma lettre et un sequin, et je lui dis que le lendemain je me rendrais au même endroit pour y prendre la réponse. Je n'y manquai pas et je l'y trouvai. Dès qu'elle m'aperçut elle vint à moi, me remit le sequin que je lui avais donné la veille, et une lettre, en me priant d'aller la lire et de revenir lui dire si elle devait attendre une réponse. J'allai lire la lettre, et eu voici la copie.

« Je crois, monsieur, ne m'être trompée en rien. J'abhorre comme vous le mensonge lorsqu'il peut tirer à conséquence ; mais je ne le regarde que comme un badinage lorsqu'il ne nuit à personne. Vous avez choisi entre mes trois propositions celle qui fait le plus honneur à votre esprit, et, respectant les raisons qui vous empêchent de vous faire connaître, j'écris à la comtesse de S. ce que je vous prie de lire dans le billet ci-joint. Veuillez le cacheter avant de le lui faire parvenir ; elle en sera prévenue par une autre. Vous irez chez elle à votre commodité ; elle vous donnera son heure, et vous m'accompagnerez ici dans sa gondole. La comtesse ne vous fera pas la moindre question, et vous n'aurez besoin de lui rendre aucun compte. Il ne sera pas question de présentation, mais comme vous apprendrez mon nom, vous serez libre de venir en masque me demander quand il vous plaira, en me faisant appeler de la part de la comtesse. De cette manière notre connaissance sera faite, sans qu'il soit nécessaire que vous vous gêniez et que vous perdiez pendant la nuit un temps qui vous est peut-être précieux. J'ai ordonné à la servante d'attendre votre réponse dans le cas où vous ne voudriez pas de la comtesse, si par hasard vous en étiez connu. Si le choix vous plaît, dites à la fille que vous n'avez point de réponse à me faire. »

Certain de n'être point connu de la comtesse S., je dis à la fille que je n'avais point de réponse à faire à sa maîtresse et elle me quitta.

Voici le billet que ma religieuse écrivait à la comtesse et que je devais lui remettre.

« Je te prie, ma chère amie, de venir me parler quand tu en auras le temps, et de donner au masque porteur de ce billet ton heure pour qu'il l'accompagne. Il sera exact. Adieu ; tu obligeras beaucoup ton amie. »

Ce billet me parut sublime par rapport à l'esprit d'intrigue qui l'avait dicté, et il me semblait qu'il y avait quelque chose d'élevé, qui me captivait, quoique je sentisse bien qu'on me faisait représenter un personnage auquel on avait l'air de faire une grâce.

Dans sa dernière lettre, ma religieuse, faisant semblant de ne pas se soucier de savoir qui j'étais, applaudissait à mon choix et feignait d'être indifférente au rendez-vous nocturne ; mais elle paraissait certaine que je la ferais appeler au parloir après que je l'aurais vue. Je savais déjà à quoi m'en tenir, car à quoi devait aboutir l'intrigue, sinon à des rendez-vous amoureux ? Cependant sa sécurité ou plutôt son assurance augmentait ma curiosité, et je sentais qu'elle avait raison d'espérer si elle était jeune et jolie.

Il n'aurait tenu qu'à moi de différer quelques jours et de savoir de C. C. quoi cela pouvait être cette religieuse ; mais, outre que j'aurait été une noirceur, j'avais peur de gâter l'aventure ; et de l'avoir à me repentir. Elle me disait d'aller chez la comtesse à ma commodité ; mais c'était parce que sa dignité voulait qu'elle ne se montrât pas trop pressée, et elle devait se douter que j'éprouverais de l'impatience. Elle me paraissait trop savante en galanterie pour la croire novice et inexperte, et je redoutais de perdre mon temps ; mais, prenant mon parti, je me promis de rire à mes propres dépens s'il m'arrivait de me trouver avec quelque surannée. Il est certain que sans la curiosité je n'aurais pas fait la moindre démarche, mais je voulais voir la contenance que ferait une nonne qui m'avait offert de venir souper avec moi à Venise. J'étais, au reste, très surpris de la liberté dont jouissaient ces saintes vierges et de la facilité qu'elles avaient à violer leur clôture.

À trois heures je me rendis chez la comtesse, et, tuayant fait tenir mon billet, elle vint et me dit que je lui ferais plaisir de passer le lendemain à la même heure. Nous nous fîmes réciproquement une belle révérence et nous nous quittâmes. Cette comtesse était une maîtresse femme, un peu sur le retour, mais encore belle.

Le lendemain matin, c'était un dimanche, et je ne manquai pas d'aller à la messe, vêtu avec élégance, et déjà infidèle en imagination à ma chère C. C.; car je pensais plus à me faire voir de la religieuse, jeune ou vieille, qu'à m'exposer aux regards de ma charmante femme.

L'après-midi, je me remets en masque, et à l'heure fixée, je vais chez la comtesse, qui m'attendait. Nous descendons et, dans une gondole à deux rames, nous arrivons au couvent sans avoir parlé d'autre chose que du beau temps dont nous jouissions. Arrivés à la grille, elle fait appeler M. M. Ce nom m'étonne, car celle qui le porte était célèbre. On nous fait entrer dans un petit parloir, et, quelques minutes après, je vois paraître une religieuse qui va droit à la grille, pousse un bouton et fait sauter quatre carreaux qui laissent une large ouverture au travers de laquelle les deux amies purent s'embrasser tout à leur aise; aussitôt après, l'ingénieuse fenêtre fut soigneusement refermée. Cette ouverture était au moins de dix-huit pouces, et un homme de ma taille aurait pu y passer avec facilité. La comtesse s'assit en face de la religieuse et moi un peu de côté, mais de manière à pouvoir observer tout à mon aise une des plus belles femmes qu'il soit possible de voir. Je ne doutai pas que ce fût la même qui avait eu ma chère C. C., m'avait parlé et qui lui donnait des leçons de français. L'admiration me tenait dans une sorte d'enchantement, et je n'entendis pas un mot de tout ce qu'elles se dirent; mais ma belle nonne, loin de m'adresser la parole, ne daigna pas même m'honorer d'un seul regard. Elle pouvait avoir de vingt-deux à vingt-trois ans; la coupe de son visage était de la plus belle forme. Elle était d'une taille bien au-dessus de la moyenne, son teint très blanc tirant un peu sur le pâle, l'air noble et décidé, mais en même temps réservé et modeste; ses yeux bien fendus étaient d'un beau bleu céleste, sa physionomie douce et riante, ses lèvres douces et humides de la plus suave volupté; ses dents étaient deux rangées de perles du plus brillant émail. Sa coiffure ne me laissait pas voir ses cheveux; mais, si elle en avait, ils devaient être d'un beau châtain clair, ses sourcils m'en répondaient. Ce qui me ravissait le plus était sa main et l'avant-bras que je voyais nu jusqu'au coude. Le ciseau de Praxitèle n'a jamais rien taillé de mieux arrondi, de plus potelé, ni de plus gracieux. Malgré tout ce que je voyais et tout ce que je devinais, je ne me repentais pas d'avoir refusé les deux rendez-vous que cette beauté m'avait offerts; car je me sentais sûr de la posséder en peu de jours, et je jouissais de pouvoir lui faire hommage de mes désirs.

Il me tardait de la voir seul à la grille avec elle, et j'aurais cru lui faire injure si, dès le lendemain, je n'étais allé m'assurer que je lui rendais toute la justice qu'elle méritait. Elle fut constante à ne pas me regarder un seul instant; mais à la fin cette sorte de réserve me plut. Tout à coup, les deux amies baissèrent la voix, et la délicatesse m'imposa le devoir de m'éloigner. Leur entretien secret dura un quart d'heure que je passai à faire semblant de considérer un tableau; au bout de ce temps elles s'embrassèrent comme au commencement de la religieuse, ayant refermé la grille mouvante, tourna le dos et s'en alla sans me jeter le moindre regard.

La comtesse, en retournant à Venise, lasse peut-être de mon silence, me dit en souriant:

— M. M. est belle et elle a beaucoup d'esprit.

— J'ai vu l'une, je crois l'autre.

— Elle ne vous a pas dit un mot.

— N'ayant pas voulu lui être présenté, elle m'en a puni en faisant semblant de ne pas s'apercevoir que j'étais là.

La comtesse n'ayant pas répliqué, nous arrivâmes devant sa maison sans plus échanger une parole. Je la laissai à la porte, où une belle révérence accompagnée de ces mots: Adieu, monsieur! m'annonça que je ne devais pas aller plus loin. Je n'en avais pas envie, et j'allai autre part rêver à cette singulière aventure, dont il me tardait de voir le dénoûment.

VII

La comtesse Coronini. — Dépit amoureux. — Réconciliation. — Premier rendez-vous. — Divagation philosophique.

La belle religieuse ne m'avait pas parlé, et j'en étais très content; car j'étais stupéfait, si saisi d'admiration, qu'il aurait été très possible que je lui eusse donné une fort mince idée de mon esprit par les réponses décousues que j'aurais probablement faites à ses questions. Je voyais qu'elle devait être persuadée qu'elle n'avait pas à craindre l'humiliation d'un refus; mais j'admirais son courage dans sa situation pour oser en courir le risque.

J'avais de la peine à me rendre compte de sa hardiesse, et je ne concevais pas comment elle pouvait se procurer la liberté dont elle devait jouir.

Un casino à Murano! la liberté d'aller souper à tête à tête avec un jeune homme! tout cela offusquait mes idées, et je décidai dans ma pensée qu'elle devait avoir un amant en titre qui se plaisait à la rendre heureuse en faisant ses caprices.

Cette idée, à la vérité, choquait un peu mon orgueil; l'aventure était trop piquante, l'objet trop attrayant pour ne pas me faire passer par-dessus. Je me voyais en chemin pour devenir infidèle à ma chère C. C., ou je l'étais déjà en idée; mais, malgré mon amour pour charmante fille, j'avoue que je ne me sentais aucunement scrupule. Il me semblait que l'infidélité de cette espèce, parvenait à se découvrir, n'avait rien qui pût lui déplaire; cette petite déviation n'était pas propre qu'à me baleine et à me conserver pour elle, puisque cela pouvait m'arracher à l'ennui qui me desséchait.

J'avais été présenté à la comtesse Coronini par une religieuse, parente de M. Dandolo. Cette comtesse, qui avait été fort belle et qui avait beaucoup d'esprit, ne voulant plus s'occuper des intérêts des cours dont toute sa vie elle avait fait son étude, s'était retirée au couvent de Sainte-Justine, pour y chercher le repos que le dégoût lui avait rendu nécessaire. Comme elle avait joui d'une grande réputation, elle voyait encore à la grille tous les ambassadeurs étrangers et les premiers personnages de la République. La curiosité de part et d'autre y faisait constamment les frais de la conversation, et la comtesse dans les murs du couvent savait tout ce qui se passait dans la ville, et souvent même elle voulait en savoir davantage. Cette dame m'accueillait toujours fort bien, et, me traitant en jeune homme, elle se plaisait à me donner des leçons morales très agréables chaque fois que j'allais la voir. Certain d'apprendre adroitement quelque chose relativement à M. M., je résolus d'aller lui présenter mes hommages le lendemain du jour où j'avais été voir cette belle religieuse.

La comtesse me reçut à son ordinaire, et, après les propos d'usage qu'on est convenu de débiter dans la bonne société avant de rien dire en vain la peine, je fis tomber la conversation sur les couvents de Venise. Nous parlâmes de l'esprit et du crédit d'une religieuse Celsi qui, quoique laide, avait sur tout ce qu'elle voulait une influence marquée. Nous nous entretînmes ensuite de la jeune et charmante sœur Michelli, qui avait pris le voile pour prouver à sa mère qu'elle avait plus d'esprit qu'elle. De celle-là passant à plusieurs autres qu'on disait galantes, je nommai M. M., en disant qu'elle devait l'être aussi; mais c'était une énigme. La comtesse me répondit en souriant que ce n'était pas une fille pour tout le monde, mais qu'en général elle devait l'être. — Ce qu'il y a d'incompréhensible, me dit-elle, c'est le caprice qu'elle a eu de prendre le voile, belle, riche, libre, remplie d'esprit, cultivée, et, à ce que je sais, esprit fort. Elle prit le voile sans aucune raison ni physique ni morale; ce fut un véritable caprice.

— La croyez-vous heureuse, madame?

— Oui, si elle ne s'est pas repentie, ou, si elle ne visait pas à se repentir. Si cela lui arrive jamais, je la crois assez sage pour ne le faire connaître à personne.

Persuadé par l'air mystérieux de la comtesse que M. M. devait avoir un amant, je pris le parti de ne pas me mettre en peine, et, m'étant masqué, je me rendis à Murano dans l'après-dînée. Arrivé autour du couvent, je sonne, le cœur palpitant, je demande M. M. de la part de la comtesse de S. Le petit parloir était fermé, la tourière me montra celui où je devais entrer. J'entre, j'ôte mon masque et je m'assieds en attendant ma déesse.

Mon cœur battait la charge. J'attendais avec impatience, et cependant l'attente me plaisait; car je redoutais l'issue de l'entrevue. Une heure se passa assez rapidement, mais alors je commençai à trouver le temps de l'attente un peu long, et, pensant que la tourière ne m'avait pas bien compris, je sonne au tour et je demande si on a prévenu sœur M. M. Une voix me répond que oui, je vais reprendre ma place, et, quelques minutes après, je vois entrer une vieille étendue qui s'approche de moi et me dit: — La sœur M. M. est occupée pour toute la journée; et sans me donner le temps de dire un seul mot, elle sort.

Voilà de ces moments terribles auxquels l'homme à bonnes fortunes est quelquefois sujet. Ils sont ce qu'il y a de plus cruel. Ils humilient, ils affligent, ils tuent.

Me sentant avili, ma première sensation fut la plus grande mépris de moi-même, un mépris concentré qui approchait de la rage; la seconde fut une indignation dédaigneuse pour la religieuse, sur laquelle le portai le jugement qui seul me consolait de la peine que j'éprouvais. Elle ne pouvait agir ainsi envers moi qu'en étant la plus impudente de toutes les femmes et la plus dépourvue de bon sens; car les deux lettres que j'avais eues d'elle suffisaient pour la déshonorer si j'avais voulu me venger, et elle devait s'attendre à ma vengeance. Pour la braver, il fallait qu'elle fût folle; et je l'aurais jugée telle si je n'avais entendu causer avec la comtesse.

Enfin, je finis par sentir qu'il ne tenait qu'à moi que de la mésaventure sans qu'il fût possible à personne deviner si c'était tout de bon, ou si je n'en faisais que le semblant. Le sophisme est si officieux !

Malgré tous ces beaux retours, je n'en pensais pas moins à la vengeance ; mais rien de bas ne devait s'y mêler, et, ne voulant pas accorder le moindre triomphe à cette plaisanterie, je pris sur moi de ne pas me montrer piqué. Elle m'avait fait dire qu'elle était occupée ; c'était tout simple : son rôle était de jouer l'indifférence. Sans doute, me dis-je, elle ne sera pas occupée une autre fois ; mais je la dois me faire retomber dans le panneau. Je lui prouverai que je n'ai fait que rire de son mauvais procédé. Il allait sans dire que je devais lui renvoyer ses lettres, mais elles devaient être accompagnées d'un poulet dont la galanterie ne lui ferait pas sourire de plaisir. Ce qui me déplaisait de plus, c'était l'obligation d'aller à mon église ; car, supposant qu'elle ne savait pas que j'y allais pour C. C., elle aurait pu s'imaginer que je n'y allais que dans l'espoir de la mettre à même de me faire des excuses et me donner de nouveaux rendez-vous. Je voulais qu'elle ne pût point douter de mon mépris, et je pensais que les rendez-vous qu'elle m'avait offerts n'étaient que des rendez-vous imaginaires pour m'en imposer.

Je me couchai avec le besoin de la vengeance, je m'endormis en y pensant et je me réveillai résolu à me satisfaire. Je me mis à écrire, mais, voulant être certain que ma lettre ne sentait point du dépit amoureux qui me rongeait, je la laissai sur mon bureau pour la relire le lendemain de sang-froid. Cette précaution me fut utile, car, en la relisant vingt-quatre heures après, je la trouvai indigne et je la déchirai en mille morceaux. Il y avait des phrases qui décelaient ma faiblesse, mon amour, mon dépit, et qui, par conséquent loin de l'humilier, lui auraient fourni matière à se moquer de moi.

Le mercredi, après avoir écrit à C. C. que de fortes raisons m'obligeaient à ne plus me rendre à la messe dans l'église de son couvent, j'écrivis une autre lettre à ma religieuse, et le jeudi elle eut le même sort que la précédente parce qu'en la relisant j'y découvris les mêmes défauts. Il me semblait que j'avais perdu la faculté d'écrire. Dix jours après je m'aperçus que j'étais trop amoureux pour avoir pu m'exprimer autrement que par le cœur.

Sincerum est nisi vas, quodcunque infundis acescit (1).

La figure de M. M. m'avait laissé une impression trop vive pour pouvoir être effacée par une autre puissance que celle du temps, la plus puissante des êtres abstraits.

Pensant à la fin que cette étourdie devrait vivre dans des continuelles alarmes, sachant entre mes mains ses deux lettres, au moyen desquelles je pouvais la perdre de réputation et faire le plus grand tort au couvent, après les avoir gardées dix jours :

« Je vous prie de croire, madame, que c'est par pur oubli que je ne vous ai pas encore renvoyé les deux lettres que vous trouverez ci-incluses. Je n'ai jamais pensé à devenir différent de moi-même en exerçant contre vous une lâche vengeance, et je vous pardonne bien facilement les deux étourderies insignes que vous avez faites, soit que vous les ayez faites naturellement et sans y penser, soit que vous ayez pu vouloir vous moquer de moi. Cependant trouvez bon que je vous conseille de ne pas agir de même à l'égard de quelque autre, car vous pourriez vous adresser à un homme délicat que moi. Je sais quel est votre nom, je sais qui vous êtes ; mais soyez tranquille, c'est comme si j'en savais rien. Au reste, possible que vous mettiez peu de cas à ma discrétion ; mais, si cela est, je vous trouve fort à plaindre.

« Vous devez bien penser, madame, que vous ne me verrez plus à votre église ; mais persuadez-vous que ce sacrifice ne me coûte rien, et que j'en serai quitte pour aller à la messe ailleurs. Je dois pourtant vous dire pour quelle raison je m'abstiendrai de reparaître à votre couvent. Je trouve tout naturel qu'aux deux étourderies dont vous êtes rendue coupable, je n'en ayez ajouté une non moins grande, celle de vous vanter de mes exploits à quelque autre recluse, et je ne veux pas vous fournir matière à rire dans votre cellule ou dans votre boudoir. Ne trouvez pas trop ridicule si, malgré les cinq ou six ans que j'ai de plus que vous, je n'ai pas encore dépouillé toute pudeur ni foulé aux pieds le sentiment de toutes les convenances, ou, si vous voulez, si j'ai encore gardé quelques préjugés. Je pense qu'il en est où il ne faut jamais secouer entièrement. Ne dédaignez pas cette petite leçon, madame, puisque je reçois assez bénignement celle qu'apparemment vous ne m'avez donnée que pour rire, mais dont je vous promets de faire mon profit pour le reste de mes jours. »

Je crus dans la circonstance cette lettre ne respirait que douceur, et, ayant fait le paquet, je me masquai, et j'allai chercher un Fourlan qui ne pouvait point me connaître et auquel, après lui avoir donné un demi-sequin, je promis un autre dès qu'il viendrait m'assurer qu'il avait exactement remis la lettre au couvent de Muran. Je lui donnai toutes les instructions nécessaires, et je lui fis promettre de s'en aller aussitôt qu'il aurait remis la lettre à la tourière, quand bien même on lui dirait d'attendre. Je dois dire ici que les Fourlans à Venise étaient des commissionnaires de confiance, et qu'il était inouï qu'aucun d'eux eût jamais encouru le moindre reproche d'infidélité. Tels étaient jadis les Savoyards à Paris ; mais tout s'altère dans le monde.

Je commençais à oublier l'affaire, sans doute parce que j'avais, sans m'en rendre compte, avoir mis entre elle et moi une barrière impénétrable, quand, dix jours après, en sortant de l'Opéra, j'aperçois le même Fourlan, sa lanterne à la main. Je l'appelle machinalement, et, sans me démasquer, je lui demande s'il me connaissait. Il me regarde, me toise, et me dit que non.

— As-tu bien fait ta commission à Muran ?

— Ah ! monsieur, que Dieu soit loué ! Puisque j'ai le bonheur de vous trouver, j'ai à vous dire des choses importantes. J'ai porté votre lettre, que j'ai remise comme vous me l'aviez ordonné, et je partis aussitôt que je la vis entre les mains de la tourière, quoique cette sœur me dit d'attendre.

A mon retour, je ne vous trouvai pas, mais n'importe. Le lendemain matin un de mes camarades, qui se trouvait autour au moment où je remis votre lettre, vint me réveiller pour me dire d'aller à Muran, la tourière voulant absolument me parler. Je m'y rendis, et, après avoir attendu quelques instants, la tourière me fit passer dans le parloir, où une religieuse belle comme le jour me tint plus d'une heure pour me faire cent questions qui toutes tendaient, sinon à savoir qui vous êtes, au moins à découvrir l'endroit où je pourrais vous trouver. Vous savez que je ne pouvais rien lui dire de satisfaisant. Elle me quitta en m'ordonnant d'attendre et deux heures après elle reparut avec une lettre qu'elle me consigna en me disant que, si je pouvais parvenir à vous la remettre et à lui apporter la réponse, elle me donnerait deux sequins. En attendant, jusqu'à ce que je vous eusse trouvé, je devais aller tous les jours au couvent lui montrer la lettre et je recevrais quarante sous chaque fois. Jusqu'à présent j'ai gagné vingt livres ; mais j'ai peur qu'elle ne se lasse, et il ne tient qu'à vous, mon bon monsieur, de me faire gagner deux sequins en répondant deux mots à la lettre.

— Où est cette lettre ?

— Chez moi, sous clef, car j'ai toujours peur de la perdre.

— Comment veux-tu donc que je réponde ?

— Ayez la bonté de m'attendre ici, vous verrez avec la lettre en moins d'un quart d'heure.

— Je ne t'attendrai pas, car cette réponse ne m'intéresse point. Mais dis-moi comment tu as pu flatter la religieuse de l'espoir de me retrouver ? Tu es un fripon, car il n'est pas vraisemblable qu'elle t'eût confié la lettre si tu ne lui avais fait espérer de me retrouver.

— Je ne suis pas un fripon, car j'ai fait exactement ce que vous m'aviez dit ; mais il est vrai de lui dépeint votre habit, vos boucles, votre taille ; et je vous assure que depuis dix jours, je regarde attentivement tous les masques de votre taille, mais en vain. Voilà bien vos boucles que je reconnais, mais je ne crois pas que vous ayez le même habit. Hélas ! monsieur, il ne vous en coûte rien d'écrire une seule ligne. Ayez la bonté de m'attendre un instant dans ce café.

Je ne pouvais plus résister à ma curiosité, et je me détermine à l'attendre, mais à l'accompagner chez lui. Je n'étais obligé que d'écrire : *J'ai reçu la lettre*, et je me satisfaisais en même temps que je faisais gagner les deux sequins au Fourlan. Le lendemain, je changeais de boucles et de masques et je rendais vaines toutes les recherches.

Je suis donc mon Fourlan jusqu'à sa chambre, il entre, et me remet la lettre. Je le mène dans une auberge où je me fais donner une chambre avec un bon feu, et je fais attendre mon homme. Je décachette le volumineux paquet, et la première chose qui frappe mes regards, ce sont les deux lettres que je lui avais renvoyées pour la tranquilliser sur les suites de son étourderie.

Cette vue me donna une palpitation de cœur si violente que je fus obligé de m'asseoir : c'était un signe certain de ma défaite. Outre ces deux lettres, j'en vois une petite signée S. : elle était adressée à M. M. de la lis, elle contenait ces mots :

« Le masque qui m'a accompagnée et reconduite n'aurait, je crois, pas ouvert la bouche, si je ne m'étais avisée de lui dire que les charmes de ton esprit sont encore plus séduisants que ceux de ta figure. Il m'a répondu : « J'ai vu l'un et je crois l'autre. » Il a ajouté que ne comprenais pas pourquoi tu ne lui avais pas parlé, et il m'a répondu en souriant : « Je n'ai pas voulu lui être présenté, et il m'a puni en ne voulant pas savoir que j'étais là. » C'est tout notre dialogue. Je voulais t'envoyer ce billet ce matin, mais il m'a été impossible. Adieu. »

Après avoir lu ce billet, qui rapportait de l'exacte vérité et qui pouvait servir de pièce justificative, mon cœur palpita moins. Enchanté de me voir au moment d'être convaincu d'injustice, je prends courage et je lis la lettre suivante :

« Par une faiblesse que je crois très pardonnable, curieuse de savoir ce que vous auriez dit de moi à la

(1) Ce qu'on met dans un vase s'aigrit, quand ce vase n'est pas propre.

L'AMOUR A VENISE

comtesse en venant de me voir, je saisis un moment pour lui dire de m'en informer dès le lendemain au plus tard; car je prévoyais que, dans l'après-midi, vous viendriez me faire une visite d'office. Son billet, que je vous envoie et que je vous prie de lire, ne m'est parvenu qu'une demi-heure après que vous fûtes reparti.

« Première fatalité.

« N'ayant pas encore reçu le billet lorsque vous me fîtes appeler, je n'eus pas la force de vous recevoir. Faiblesse ou seconde fatalité, mais que vous jugerez aussi pardonnable, je l'espère. J'ordonnai à la sœur converse de dire que j'étais malade pour toute la journée; excuse mensonge officieux devaient être le correctif. Vous étiez déjà parti, et il ne m'était pas possible de vous faire courir après, quand la vieille imbécile vint me dire qu'elle vous avait dit que j'étais occupée.

« Ce fut la troisième fatalité.

« Vous ne sauriez vous imaginer ce qu'il me vint envie de dire et de faire à cette sotte de sœur; mais ici on ne doit rien dire ni faire; il faut avoir patience et dissimuler, en remerciant Dieu que les fautes naissent de l'ignorance et non pas de la malice, ce qui n'est pas rare dans les couvents. Je prévis d'abord, au moins en partie, ce qui est arrivé; car la raison humaine, n'aurait jamais pu le prévoir entièrement. Je devinai que, vous croyant joué, vous vous révolteriez; et j'en éprouvai une peine inexprimable, car je n'imaginais pas la possibilité de vous faire connaître la vérité avant le premier jour de fête. Mon âme appelait de jour-là de tous mes vœux : aurais-je pu deviner que vous prendriez la résolution de n'y plus venir!

« Je pris mon mal en patience jusqu'au premier dimanche; mais quand je vis mon espérance déçue, ma douleur devint insupportable, et elle sera mortelle si vous refusez d'admettre ma justification.

« Votre lettre m'a rendue complètement malheureuse, et je ne résisterai pas à mon désespoir si vous persistez dans la barbare résolution que votre cruelle lettre m'exprime. Vous vous êtes cru joué, voilà tout ce que vous pouvez dire; mais cette lettre vous convaincra-t-elle de votre erreur? Et même, en vous croyant indignement trompé, convenez que, pour écrire votre terrible lettre, vous avez dû me supposer un monstre abominable et tel qu'il est impossible de le supposer dans une femme qui a de la naissance et de l'éducation.

« Je vous renvoie les deux lettres que vous m'avez renvoyées dans l'idée d'apaiser mes alarmes que vous avez cruellement supposées d'une nature bien différente de celles qui vous consument. Je suis meilleure physionomiste que vous, et soyez certain que ce que j'ai fait, je ne l'ai point fait par étourderie; car je ne vous ai jamais supposé capable, je ne dis pas d'une noirceur, mais simplement d'une action déloyale. Vous devez donc avoir vu sur ma figure que l'âme d'une impudente étourdie, et je ne le suis pas. Vous serez peut-être cause de ma mort, et je ne le moins vous me rendrez malheureuse pour le reste de mes jours, si vous ne vous souciez pas de vous justifier; car, pour ce qui me regarde, je crois l'être pleinement.

« J'espère que, quand bien même ma vie ne vous intéresserait pas, vous jugerez que votre honneur exige que vous veniez me parler. Venez en personne vous dédire de tout ce que vous m'avez écrit; vous le devez et je le le mérite. Si vous ne connaissez pas le funeste effet que votre lettre a produit sur moi, effet qu'elle opérerait sur le cœur de toute femme innocente et qui n'est pas insensée, malgré mon malheur je dois vous plaindre, car alors vous n'auriez pas la moindre connaissance du cœur humain. Mais je suis sûre que vous reviendrez, pourvu que l'homme auquel je remets cette lettre puisse parvenir à vous trouver. Adieu; j'attends de vous ou la vie ou la mort. »

Je n'eus pas besoin de lire deux fois cette lettre, j'étais confus, désespéré. M. M. avait raison. Je fis de suite monter le Fourlan, et je lui demandai s'il lui avait parlé le matin et si elle avait l'air malade. Il me répondit qu'il la trouvait chaque jour plus abattue et qu'elle avait les yeux rouges.

— Va m'attendre.

Je me mis à écrire pour lui donner un rendez-vous; je ne terminai mon verbiage qu'à la pointe du jour.

Ma lettre achevée, j'appelle mon Fourlan, je lui donne un sequin et je lui fait promettre d'aller de suite à Muran et de lui remettre ma lettre qu'à la religieuse en personne. Dès qu'il fut parti, j'allai me jeter sur mon lit, où l'impatience et le désir m'empêchèrent de fermer l'œil.

Dans mon impatience, le lecteur devinera que je fus exact au rendez-vous. On me fit entrer dans le petit parloir où je l'avais vue la première fois, et elle ne tarda pas à venir. Dès que je la vis auprès de la grille, je me mis à genoux; mais elle me pria de me relever de suite parce qu'on pouvait me voir. Elle s'assit et je pris un siège en face d'elle. Nous fûmes ainsi plusieurs minutes à nous contempler sans mot dire; mais je rompis le silence en lui demandant d'une voix tendre et altérée si je pouvais espérer mon pardon. Elle me tendit sa belle main à travers la grille et la couvris de larmes et de baisers.

— Notre connaissance, me dit-elle, a commencé par un violent orage; espérons qu'elle se prolongera dans un calme parfait et durable. C'est la première fois que nous nous parlons, mais ce qui s'est passé entre nous doit être assez pour que nous nous connaissions parfaitement. J'espère que notre union sera aussi tendre que sincère et que nous saurons avoir une indulgence réciproque pour nos défauts.

— Un ange comme vous pourrait-il en avoir?

— Eh! mon ami, qui n'en a pas?

— Quand pourrai-je avoir le bonheur de vous convaincre de mes sentiments en liberté, et dans toute la joie de mon cœur?

— Nous souperons à mon casino quand vous voudrez, pourvu que je le sache deux jours d'avance; ou j'irai souper avec vous à Venise, si cela ne vous gêne pas.

— Cela ne fait qu'augmenter mon bonheur. Je crois devoir vous dire que je suis très à mon aise, et que, loin de craindre la dépense, je l'aime; or, tout ce que j'ai appartient à l'objet que j'adore.

— Cette confidence, mon cher ami, m'est très agréable, et d'autant plus qu'à mon tour je puis vous dire que je suis riche, et que je ne saurais rien refuser à mon amant.

— Mais vous devez en avoir un?

— Oui; et c'est lui qui me rend si riche et qui est absolument mon maître. Je ne lui laisse jamais rien ignorer. Après-demain, en tête-à-tête et entièrement à vous, je vous en apprendrai davantage.

— Mais j'espère que votre amant...

— N'y sera pas, soyez-en sûr. Avez-vous aussi une maîtresse?

— J'en avais une, mais, hélas! on me l'a violemment arrachée, et je vis, depuis six mois, dans un parfait célibat.

— Vous l'aimez encore?

— Je ne puis me la rappeler sans l'aimer. Elle a presque vos charmes et vos attraits; mais je prévois que vous me la ferez oublier.

— Si vous étiez heureux, je vous plains bien sincèrement. On vous l'a arrachée, et vous fuyez le monde pour nourrir votre douleur. Je vous ai deviné; mais s'il arrive que je m'empare de la place qu'elle occupe dans votre cœur, personne, mon doux ami, ne m'en arrachera.

— Mais dira votre amant?

— Il sera charmé de me voir tendre et heureuse avec un amant tel que vous. C'est dans son caractère.

— Caractère admirable! héroïsme supérieur à mon caractère et à moi-même.

— Quelle vie menez-vous à Venise?

— Théâtres, sociétés, casinos où je lutte avec la fortune, quelquefois bonne et quelquefois mauvaise.

— Allez-vous chez les ministres étrangers?

— Non, parce que je suis trop lié avec des patriciens; mais je les connais tous.

— Comment les connaissez-vous si vous ne les voyez pas?

— Je les ai connus à l'étranger. J'ai connu à Parme le duc de Montalègre, ambassadeur d'Espagne; à Vienne, le comte de Rosemberg; à Paris, l'ambassadeur de France, il y a deux ans à peu près.

— Il va sonner midi, mon cher ami, il est temps que nous nous séparions. Venez après-demain à la même heure, et je vous donnerai les instructions nécessaires pour que vous puissiez venir souper avec moi.

— En tête à tête?

— Cela s'entend.

— Oserai-je vous en demander un gage? Car le bonheur que vous me promettez est si grand!

— Quel gage voulez-vous?

— Vous voir debout à la petite fenêtre en me permettant d'être à la place de la comtesse S.

Elle se leva, et, avec le plus gracieux sourire elle poussa le ressort, et après le baiser le plus expressif, je la quittai. Elle m'accompagna des yeux jusqu'à la porte, et son regard amoureux m'aurait fixé si elle n'était point partie.

Je passai les deux jours d'attente dans une joie et une impatience qui m'empêchèrent de manger et de dormir, car il me semblait que jamais je n'avais été aussi heureux en amour, ou plutôt il me semblait que c'était pour la première fois que j'allais l'être.

VIII

Suite du chapitre précédent. — Premier rendez-vous avec M. M. — Lettre de C. C. — Mon second rendez-vous avec la religieuse dans mon superbe casino à Venise. — Je suis heureux.

ERTAIN que M. M. ne manquerait pas à sa parole, je me rendis au parloir vers les dix heures du matin, et dès que je fus annoncé je la vis paraître.

— Mon Dieu, mon ami, êtes-vous malade?

— Non, ma divine amie, mais je puis le paraître, car l'inquiète attente du bonheur m'excède. J'ai perdu l'appétit

L'AMOUR A VENISE

... sommeil; et s'il était différé je ne répondrais pas de ...
— Il ne le sera pas, mon cher ami; mais quelle impa... Asseyons-nous. Voici la clef du casino où vous irez. Il n'y a du monde, car il faut bien que nous soyons servis; ... personne ne vous parlera et vous n'aurez besoin de parler à personne. Vous serez masqué, et vous n'irez qu'à ... heure et demie de la nuit (1), et pas plus tôt. Vous ... l'escalier qui est en face de la porte de la rue, et ... haut de l'escalier vous verrez à la lumière d'une lanterne une porte verte que vous ouvrirez pour entrer dans ... appartement, que vous trouverez éclairé. Vous me trouverez dans la seconde pièce, et si je n'y suis pas encore, ... m'attendriez quelques minutes : vous pouvez compter sur mon exactitude. Vous pourrez vous démasquer, ... à votre aise : vous trouverez des livres et bon feu.

La description étant parfaitement claire, je baise la main ... offre la clef de ce temple mystérieux, et je demande ... cette femme charmante si c'est en religieuse que je la ...

— Je sors en religieuse, me dit-elle, mais j'ai là une ... robe complète pour me transformer en femme du ... et même pour me masquer.

— J'espère que vous me ferez le plaisir de rester en ... gieuse.

— Pourquoi, s'il vous plaît?
— J'aime tant à vous voir dans ce costume!
— Ah! ah! je vous comprends. Vous vous figurez ma tête ... se et je vous fais peur. Mais rassurez-vous, mon ami, ... une perruque si bien faite qu'elle en dispute à la nature.
— Dieu! que dites-vous! le seul nom de perruque ... rayant. Mais, non, n'en doutez pas, je vous trouverai charmante de toutes les façons. Ayez seulement soin de ... ne pas mettre cette cruelle perruque en ma présence. Je ... offense? pardon; car je suis au désespoir de vous ... parlé de cela. Êtes-vous sûre que personne ne vous ... sortir du couvent?
— Vous en serez sûr vous-même quand vous verrez le ... de l'île et que vous observerez la petite porte qui ... sur la petite rive. J'ai la clef d'une chambre qui ... sur cette petite rive, et je suis sûre de la sœur ... qui me sert.
— Et la gondole?
— C'est mon amant qui me répond de la fidélité des ...
— Quel homme que votre amant! Je m'imagine qu'il ... vieux.
— Vous vous trompez, et si cela était j'en serais honteuse. Il n'a pas quarante ans et il a tout pour être aimé, ... esprit, douceur de caractère, nobles procédés.
— Et il vous pardonne des caprices?
— Qu'appelez-vous « caprices »? Il y a un an qu'il s'est ... paré de moi, et avant lui je n'avais jamais connu aucun ... comme vous êtes le premier qui m'ait donné une ... Lorsque je lui en fis la confidence, il fut un peu ... puis il se mit à rire et il me fit une courte remon... sur le danger que je courais de me livrer à un indis... Il aurait désiré que je susse au moins qui vous êtes ... de pousser la chose plus loin; mais c'était trop tard. Je lui répondis de vous, et naturellement je lui fis de... ... si positivement de quelqu'un que je ne con... pas.
— Quand lui avez-vous tout confié?
— Avant-hier, et sans lui rien cacher. Je lui ai montré ... lettres et les vôtres, et il vous croit Français, quoique vous y donniez pour Vénitien. Il est fort curieux de ... vous êtes; mais ne craignez rien : je vous pro... de ne jamais faire la moindre démarche pour le ... moi-même.
— Ni moi pour savoir quel est cet homme aussi rare que ... Je suis désespéré quand j'y pense, à la peine que je ... ai faite.
— N'en parlons plus, car quand j'y pense, je vois qu'un ... seul aurait pu ne pas agir autrement.

En la quittant, j'oublie à la fenêtre un nou... ... gage de sa tendresse; et elle m'accompagna du regard jusqu'à la porte.

Le soir, à l'heure convenue, je me rendis au rendez-vous, ... suivant exactement les instructions; je parvins dans un ... où je trouvai ma nouvelle conquête habillée en ... avec la plus grande élégance. Le salon était éclairé par des girandoles dont la lumière réfléchie par des glaces et par quatre superbes flambeaux placés sur une ... couverte de livres. Elle me parut une beauté tout à fait ... que lorsque je l'avais vue en religieuse. Elle était ... en cheveux avec un superbe chignon, et je glis... dessus... l'idée d'une perruque m'offusquait, et ... semblait bien garder de lui en faire compliment. Je ... à ses genoux pour lui témoigner de ma vive recon... ... et je baisai avec transport ses belles mains en ... la lutte amoureuse qui devait en être l'issue. ... M'eut devoir opposer de la résistance. Qu'ils sont ..., ces refus d'une amante amoureuse qui veut ... l'instant du bonheur que pour mieux en savouer ... délices! En amant tendre, respectueux, mais hardi ...

C'est deux heures après le coucher du soleil.

entreprenant, certain de la victoire, je mêlais avec délicatesse la douceur des égards au feu qui me consumait, et ravissant sur la plus belle bouche les baisers les plus ardents, je sentais mon âme prête à s'échapper. Nous passâmes deux heures dans ce combat préparatoire à la fin duquel nous nous félicitâmes également, elle d'avoir su résister et moi d'avoir su modérer mon impatience.

Ayant besoin d'un instant de repos et nous entendant par instinct, elle me dit :

— Mon ami, j'ai un appétit qui promet de faire honneur au souper; me promets-tu de le tenir tête?

Me sentant homme à cela :

— Oui, lui dis-je, je te le promets; et l'on jugera ensuite si je me comporte envers l'Amour aussi bien qu'envers Comus.

Elle sonna, et une femme entre deux âges, fort bien mise et d'un extérieur fort décent, vint couvrir une table pour deux personnes; et après avoir mis sur une autre à portée tout ce qui était nécessaire pour nous passer de serviteurs, elle posa successivement sur la table huit mets dans des plats de porcelaine de Sèvres placés sur des réchauds d'argent qui tenaient les viandes chaudes. C'était un souper délicat et abondant.

Dès les premiers plats que nous goûtâmes, je reconnus la cuisine française, et elle ne me désavoua point. Nous nous bûmes que du bourgogne et du champagne. Elle fit la salade avec délicatesse et dextérité, et en tout ce qu'elle fit je ne pus qu'admirer sa grâce et son enfance. Il était évident qu'elle devait avoir un amant connaisseur qui l'avait instruite. J'étais curieux de la connaître, et, pendant que nous prenions du punch, je lui dis que si elle voulait satisfaire ma curiosité j'étais prêt à lui dire mon nom.

— Laissons au temps, mon ami, me dit-elle, le soin de satisfaire notre mutuelle curiosité.

M. M. avait parmi les breloques de sa montre un petit flacon en cristal de roche absolument pareil à celui que je portais à ma chaîne. Je le lui fis remarquer, et comme dans le mien j'avais du coton imbibé d'essence de rose, je le lui fis sentir.

— J'en ai, me dit-elle, de la pareille.

Et elle me le fit sentir.

— C'est une liqueur très rare, lui dis-je, et qui coûte beaucoup.

— Aussi ne la vend-on point.

— C'est vrai. L'auteur de cette essence est une tête couronnée; c'est le roi de France, qui en a fait une livre qui lui a coûté trente mille francs.

— C'est un présent qu'on a fait à mon amant, qui me l'a donnée.

— Mme de Pompadour en a envoyé une petite fiole à M. de Mocenigo, ambassadeur de Venise à Paris, par l'entremise de M. de B., actuellement ambassadeur de France ici.

— Le connaissez-vous?

— J'ai eu l'honneur de dîner avec lui précisément le jour où il se venait prendre congé de l'ambassadeur chez lequel j'étais invité. M. de B. est un homme que la fortune a favorisé, mais qu'il a captiver par son mérite : il n'est pas moins distingué par son esprit que par sa naissance; il est, je crois, comte de Lyon. Je me rappelle que sa jolie figure lui a fait donner le sobriquet de Belle-Babet. Nous avons de lui un petit recueil de poésies qui lui font honneur.

Il était près de minuit; nous avions fait un excellent souper et nous étions près d'un bon feu. Avec cela amoureux d'une femme superbe et songeant que le temps était précieux, je devins pressant. Elle résiste encore.

— Cruelle amie, ne m'aviez-vous pas promis la félicité que pour me faire éprouver tous les tourments de Tantale? Si vous ne voulez point céder à l'amour, cédez au moins à la nature; après un repas délicieux, allez vous coucher.

— Avez-vous donc sommeil?

— Non, certes; mais à l'heure qu'il est, on se met au lit. Souffrez que je vous y mette : je me tiendrai à votre chevet, et je me retirerai si vous le voulez.

— Si vous me quittiez, vous me causeriez une peine sensible.

— La mienne ne serait pas moindre, croyez-moi; mais si je reste, que ferons-nous?

— Nous pouvons nous reposer tout habillés sur ce sofa.

— Tout habillés, soit. Je pourrai vous laisser dormir si vous le désirez; mais si je ne dors pas, vous me pardonnerez; car, dormir près de vous, et vêtu, ce serait exiger l'impossible.

— Attendez.

Elle se lève, tire facilement le canapé en travers, ... tire les coussins, les draps, la couverture, et en un clin d'œil voilà un lit magnifique, large et commode. Elle prend un grand mouchoir dont elle m'affuble la tête; puis m'en donne un second, m'invitant à lui rendre le même office. Je me mets à besogne, dissimulant mon dégoût pour la perruque; lorsque, découvrant précieuse me causa la plus agréable surprise, car au lieu de perruque je la trouve sous la main la plus belle chevelure qui la ... possible. Je poussai un cri de bonheur et d'admiration qui la ... beaucoup rire, puis elle me dit qu'une religieuse n'ayant ...

d'autre obligation que de cacher ses cheveux aux yeux du profane vulgaire, et en achevant ces mots, elle me pousse adroitement et me fait tomber de tout mon long sur le canapé. Je me relève et dans une minute, débarrassé de mes vêtements, je me jette plus sur elle qu'auprès d'elle. Elle était forte, et, m'enlaçant de ses deux bras, elle croit que je dois lui pardonner toutes les peines qu'elle me cause. Je n'avais rien obtenu d'essentiel; je brûlais, mais je concentrais mon impatience; je ne me croyais pas encore le droit d'être exigeant. Je me mets à détacher cinq ou six nœuds de rubans, et, satisfait qu'elle me laissât faire, je palpitais d'aise et je devins possesseur de la gorge la plus belle que je couvris de mes baisers. Mais là se bornaient encore toutes ses faveurs, mon feu s'augmentait à mesure que je la voyais plus parfaite, je redoublais d'efforts, mais en vain : force me fut de céder de fatigue, et je m'endormis dans ses bras en la tenant serrée contre mon sein.

Un bruyant carillon nous réveilla.

— Qu'est-ce ? m'écriai-je en sursaut.

— Mon ami, levons-nous ; il est temps que je rentre au couvent.

— Habillez-vous, et laissez-moi le plaisir de vous voir en habit de sainte, puisque vous parlez vierge.

— Sois content pour cette fois, mon doux ami, et apprends de moi à souffrir l'abstinence : une autre fois, nous serons plus heureux. Quand je te presse, tu pourras te reposer ici.

Elle sonne, et la même femme qui était venue le soir, et qui était sans doute le ministre secret et la confidente de ses mystères amoureux, parut.

Après s'être fait coiffer, elle ôta sa robe, enferma ses bijoux dans un secrétaire, mit un corset de religieuse dans lequel elle dissimula ses deux globes superbes qui avaient été pendant cette fatigante nuit les principaux agents de mon bonheur ; ensuite elle se revêtit de son habit de religieuse. La confidente étant sortie pour prévenir les gondoliers, elle vint m'embrasser avec tendresse et ardeur, et me dit :

— Je t'attends après-demain pour que tu m'indiques la nuit que j'irai passer avec toi à Venise, et alors, tendre amant, tu seras tout à fait heureux et moi aussi. Adieu.

Content sans être satisfait, je me couchai et je dormis paisiblement jusqu'à midi.

Je sortis sans voir personne, et, bien masqué, je me rendis chez Laure, qui me donna une lettre de ma chère C. C. ; la voici :

« Voici, mon cher ami, un échantillon de ma façon de penser, et j'espère que, loin de me desservir auprès de toi, tu vas me juger, malgré mon âge, capable de garder un secret et digne d'être ta femme. Je ne blâme point la réserve que tu as observée à mon égard ; et n'étant jalouse que de ce qui peut divertir ton esprit et t'aider à supporter avec patience notre cruelle séparation, je ne puis que me réjouir de tout ce qui te procure du plaisir. Écoute donc. Hier, en traversant un corridor, je laissai tomber un cure-dent que je tenais à la main, et, pour le ramasser, je fus obligée de remuer un tabouret qui se trouvait devant une fente de la cloison. Devenue déjà curieuse comme une religieuse, vice assez naturel à l'oisiveté, j'approchai mon œil de cette fente, et, qui, quoi ? toi-même, mon doux ami, que j'entretenais d'une manière très vive avec ma charmante amie, la mère M. M. Tu te figureras difficilement ma surprise et ma joie. Cependant, ces deux sentiments firent bientôt place à la crainte que je n'avais d'être vue et d'exciter la curiosité de quelque indiscrète. Je replaçai vite le tabouret et je partis. Dis-moi tout, mon doux ami, tu me rendras heureuse. Comment pourrai-je te chérir de toutes les forces de mon âme, et n'être pas curieuse de savoir l'histoire de cette espèce de phénomène ? Dis-moi si elle te connaît, et comment tu as fait sa connaissance, celle dont tu m'as parlé, et que je n'ai pas cru nécessaire de te nommer. C'est elle qui m'enseigne le français, qui m'a donné des livres, qui me rendent savante dans une matière connue à bien peu de femmes. Sans elle, mon ami, on aurait découvert la cause de l'accident qui a failli me coûter la vie. Elle s'empressa de me donner du linge et des draps. Je lui dois mon honneur ; mais par elle, elle a nécessairement appris que j'ai un amant, comme je sais qu'elle en a un également ; mais nous ne nous sommes point réciproquement montrées curieuses de connaître nos secrets. La mère M. M. est une femme unique. Je suis certaine, mon cher mari, que vous vous aimez ; cela ne peut être autrement, puisque vous vous connaissez ; mais, comme je n'en suis point jalouse, je mérite que tu me dises tout. Cependant je vous plains tous deux ; car tout ce que vous pourrez faire ne pourra servir, je le crains, qu'à irriter votre passion. Tout le couvent te croit malade, et moi je meurs d'envie de te voir. Viens donc au moins une fois. Adieu. »

Malgré l'estime que cette lettre m'inspira, j'en conçus de l'inquiétude ; car, quoique je fusse bien sûr de ma chère C. C., cette crevasse pouvait nous exposer à d'autres regards. Je me voyais en outre forcé de tromper cette aimable et confiante amie en lui faisant un conte ; car l'honneur et la délicatesse ne me permettaient pas de lui dire la vérité. Je lui répondis de suite que, mon amitié pour M. M. voulait qu'elle la prévînt de suite qu'elle l'avait vue au parloir avec un masque, et que, sur le bruit de son mérite, ayant pris le désir de la connaître, je l'avais fait appeler au parloir, m'annonçant sous un nom supposé, et qu'elle devait se garder de lui dire qui j'étais, mais qu'elle pouvait lui dire qu'elle m'avait reconnu, peut-être même qui j'allais entendre la messe à leur église. Je l'assurais directement qu'il n'y avait point d'amour entre nous, sans lui dissimuler que je la trouvais une femme accomplie.

Le jour de la Sainte-Catherine, fête de ma chère C. C..., je crus devoir procurer à cette charmante recluse, qui ne souffrait que par moi, le plaisir de me voir.

En sortant, j'aperçus, en prenant une gondole, un individu qui me suivait. Je conçus des soupçons et je résolus de les vérifier. Le même individu, ayant pris une gondole me suivit. Cela pouvait n'être que l'effet du hasard ; mais, me tenant en garde contre les surprises, je descends, à Venise au jardin du Palais Morosini ; mon homme descend après moi ; plus de doute. Je sors du Palais et prenant vers la porte de Flandre, je m'arrête dans une rue étroite et, mon couteau à la main, j'attends l'espion au détour, et le saisissant au collet, je le serre contre une encoignure et, la pointe du couteau sur la gorge, je le somme de me dire ce qu'il me voulait ; il tremblait, il allait tout me dire, quand par malencontre quelqu'un entra dans la rue. L'espion m'échappa, et je ne sus rien ; mais je me tins pour assuré que le même individu me suivrait dorénavant à une respectueuse distance. Cela me fit sentir qu'il serait facile à un curieux opiniâtre de parvenir à savoir qui j'étais, et je résolus de ne plus aller à Muran qu'en masque ou de n'y aller que la nuit.

Le lendemain, devant voir ma belle religieuse pour savoir quand elle viendrait souper avec moi à Venise, je me rendis au parloir de bonne heure. Elle vint sans se faire attendre, et la joie se peignait dans tous ses traits. Elle me fit compliment sur ma nouvelle apparition dans leur église. Toutes les religieuses avaient été ravies de me revoir après une absence de trois semaines.

— L'abbesse, me dit-elle, en témoignant sa joie de revoir, a dit qu'elle était certaine de découvrir qui tu es. Alors je lui contai l'histoire de l'espion, et nous conjecturâmes avec assez de vraisemblance que c'était le moyen qu'avait la sainte femme de parvenir à savoir qui j'étais.

— Je suis, ma divine amie, décidé à ne plus venir à la messe.

— Ce sera, me dit-elle, une privation pour moi ; mais, dans notre intérêt commun, je ne puis qu'approuver ta résolution. Alors elle me conta l'histoire de la fente décélatrice ; mais, ajouta-t-elle ; elle est déjà bouchée, et de ce côté-là plus de crainte. J'en ai été informée par une jeune pensionnaire que j'aime beaucoup et qui m'est fort attachée.

Je ne me montrai pas curieux de savoir son nom, et elle ne me le dit pas.

— Maintenant, mon ange, dis-moi si mon bonheur est différé.

— Il l'est, mais de vingt-quatre heures seulement : la nouvelle sœur professe m'a invitée à souper dans sa chambre, et tu sens bien qu'il n'y a pas de prétexte plausible pour refuser.

— Tu ne lui confierais donc pas l'empêchement bien légitime qui me ferait désirer qu'elle ne soupât jamais ?

— Non, certes ; la confiance dans un couvent ne va jamais jusqu'à ce point. Et puis, mon ami, on ne peut refuser une pareille invitation qu'avec le désir de se faire une ennemie irréconciliable.

— Ne peut-on pas dire qu'on est malade ?

— Oui, mais alors les visites !

— J'entends ; car si tu les refusais, on pourrait soupçonner l'évasion.

— L'évasion impossible ; car ici on ne croit pas à la possibilité de s'évader.

— Tu es donc la seule ici capable d'opérer ce miracle ?

— Sois-en bien sûr ; mais c'est l'or qui, ici comme ailleurs, opère le miracle.

— Et d'autres peut-être ?

— Le temps en est passé. Mais dis-moi, cher amour, où veux-tu m'attendre, demain, deux heures après le coucher du soleil ?

— Ne pourrais-je pas t'attendre ici à ton casino ?

— Non, car ce sera mon amant lui-même qui me mènera à Venise.

— Lui-même ?

— Oui, lui-même.

— C'est incroyable.

— Et pourtant, c'est vrai.

— Je t'attendrai sur la place de Saint-Jean et Saint-Paul, derrière le piédestal de la statue de Barthélemi de Bergame.

— Je n'ai jamais vu ni la place ni la statue que sur des estampes ; mais cela suffit, je n'y manquerai pas. Il n'y aurait qu'un temps affreux qui pourrait m'empêcher de me trouver à un rendez-vous où mon cœur m'appelle.

— Et si cela arrivait ?

— Alors, mon ami, rien de perdu; et pour commencer sur de nouveaux frais, vous reviendriez comme aujourd'hui pour convenir d'un autre jour.

Je n'avais pas de temps à perdre, car je n'avais pas de casino. Je pris un second rameur pour arriver en moins d'un quart d'heure à la place Saint-Marc, et je me mis de suite en course pour trouver ce qu'il me fallait. Quand un mortel a le bonheur d'être dans les bonnes grâces du dieu Plutus, et qu'il a l'avantage de n'avoir pas précisément le timbre fêlé, il est sûr à peu près de réussir en tout; aussi je n'eus pas besoin de chercher longtemps pour trouver un casino à souhait. C'était le plus beau qu'il y eût aux environs de Venise; mais, comme de raison, il fut aussi le plus cher. Il avait appartenu à l'ambassadeur d'Angleterre, qui l'avait à bon marché à son cuisinier lorsqu'il quitta Venise. Le nouveau propriétaire me le loua jusqu'à Pâques pour cent sequins que je lui comptai d'avance, à condition qu'il me ferait en personne les dîners et les soupers que je serais à même de lui commander.

J'avais cinq pièces meublées dans le meilleur genre, et tout semblait avoir été calculé par l'amour, le plaisir et la bonne chère. On servait à manger par une fenêtre aveugle enclavée dans la paroi, munie d'un porte-manger tournant qui remplissait parfaitement la baie, de sorte que les maîtres et les domestiques ne pouvaient point se voir. Le salon était orné de superbes glaces, de lustres de cristal de roche, de girandoles en bronze doré, d'un magnifique trumeau placé sur une cheminée de marbre blanc, tapissé en petits carreaux de porcelaine de la Chine représentant à nu des couples amoureux dans toutes les attitudes et très propres à enflammer l'imagination; des sofas élégants et commodes étaient placés à droite et à gauche. A côté se trouvait une pièce octogone, dont les parois, le parquet et le plafond étaient entièrement recouverts de superbes glaces de Venise, et disposés de manière à multiplier dans toutes les postures le couple amoureux qui s'y introduisait. Tout auprès se trouvait une belle alcôve avec deux issues secrètes; à droite un élégant cabinet de toilette, à gauche un boudoir qui semblait préparé pour la mère des amours, et une baignoire en marbre de Carrare. Partout les lambris étaient ciselés ou moulu ou peints en fleurs et en groupes d'arabesques.

Après avoir ordonné de garnir tous les lustres de bougies et de placer du beau linge partout où c'était nécessaire, je commandai, pour deux, le souper le plus somptueux et le plus délicat, sans égard à la dépense, et surtout les vins les plus exquis. Prenant ensuite la clef de la porte d'entrée, je prévins le maître qu'en entrant en sortant, je ne voulais être vu de personne.

J'observai avec plaisir que la pendule qui était dans l'alcôve avait un réveilleur, car je commençais, en dépit de l'amour, à devenir sujet à l'empire du sommeil.

Tout était préparé au gré de mes désirs. En amant soigneux et délicat, j'allai acheter les plus belles pantoufles qu'il me fût possible de trouver, et un bonnet de nuit en point d'Alençon.

Le lecteur, je l'espère, ne trouvera pas que je fusse trop minutieux en cette rencontre: qu'il songe que j'allais donner à souper à la plus accomplie des suivantes du maître de l'univers, et que j'avais dit à cette quatrième Grâce que j'avais un casino. Devais-je débuter par lui donner une mauvaise idée de ma véracité ?

A l'heure fixée, deux heures après le coucher du soleil, je me rendis à mon palais; et il serait difficile d'imaginer la surprise de M. le cuisinier français lorsqu'il me vit arriver seul. N'ayant pas trouvé fort éclairé comme je l'avais ordonné, je lui en fis de dures réproches, et je lui signifiai que je n'aimais pas à dire deux fois les mêmes choses.

— Je ne manquerai pas une autre fois d'exécuter les ordres de monsieur.

— Servez à souper.

— Monsieur a commandé pour deux.

— Servez pour deux, et pour cette fois soyez présent à mon souper, pour que je puisse vous dire ce que je trouverai bon ou mauvais.

Le souper vint par la roue en bon ordre, deux plats à la fois. Je fis des commentaires sur tout; mais, au fait, je trouvai tout excellent: gibier, esturgeon, huîtres, truffes, vins, dessert; et le tout servi en belle porcelaine de Saxe et en vermeil.

Je lui dis qu'il avait négligé des œufs durs, des anchois et des vinaigres composés pour préparer une salade. Il leva les yeux au ciel, comme pour s'accuser d'une grande faute.

Après un souper qui dura deux heures, et qui dut me captiver l'admiration de mon hôte, je lui demandai la carte. Il me l'apporta un quart d'heure après, et je la trouvai raisonnable. L'ayant congédié, j'allai me mettre dans le magnifique lit qui était dans l'alcôve, où l'excellent souper me concilia bientôt le plus doux sommeil, qui, sans l'effet du bourgogne et du champagne, m'aurait probablement fui en pensant que la nuit suivante je me trouverais au même endroit en possession d'une déesse. Je ne m'éveillai qu'au grand jour; et, après avoir ordonné pour le soir les plus beaux fruits et des glacés, je partis. Pour

m'abréger une journée que le désir devait me faire paraître très longue, je jouai, je gagnai, et je vis avec plaisir que la fortune ne me traitait pas moins bien que l'amour. Tout allant au gré de mes vœux, je me plaisais à faire hommage de mon bonheur au génie de ma religieuse.

J'étais au rendez-vous une heure avant le moment fixé, et, quoique la nuit fût froide, je ne m'en ressentais pas. A l'heure précise, je vois venir une barque à deux rames, et un masque en sortir dès qu'il eut touché le rivage. Il parla au barcarol de proue; ensuite il s'acheminait vers la statue. A mesure qu'il s'approchait, mon cœur palpitait d'aise; mais ayant remarqué que c'était un homme, je l'évitai, et je m'en veux de n'avoir pas pris mes pistolets. Cependant le masque fait le tour de la statue, et m'aborde en me tendant une main nue : je reconnais mon ange. Elle rit de ma surprise, s'attache à mon bras, et, sans nous parler, nous nous acheminons vers la place Saint-Marc, et nous nous rendons à mon casino, qui n'était qu'à une minute de pas du théâtre Saint-Moïse.

Je trouve tout disposé selon mes désirs; nous montons, et vite je me débarrasse de mon habit de masque; mais M. M... se plaît à se promener en long et en large, et à visiter tous les recoins du délicieux endroit où elle se voit accueillie. Enchantée aussi que je la contemplasse de toutes les manières les grâces de sa personne, elle voulait que je l'admirasse dans ses atours l'amant qu'elle avait. Elle était surprise de l'espèce de prestige qui, malgré son immobilité, lui montrait sa charmante personne de mille manières différentes. Ses portraits multipliés que les glaces lui reproduisaient au moyen de nombreuses bougies disposées à cet effet, lui offraient un spectacle nouveau dont elle ne pouvait détacher ses regards. Assis sur un tabouret, je contemplais dans le ravissement toute l'élégance de sa personne. Un habit de velours rose, brodé en paillettes d'or; une veste à l'avenant, brodée au métier et d'une extrême richesse; des culottes de satin noir, des boucles en brillants, un solitaire de grand prix au petit doigt, et à l'autre main une bague dont le dessin me présentait un satin blanc recouvert d'un cristal. Sa *bautta* (1) de blonde noire était d'une beauté remarquable par la finesse et le dessin. Pour me mettre mieux à la portée de la voir, elle vint se placer debout devant moi. Je visite ses poches; j'y trouve tabatière d'or, bonbonnière enrichie de perles fines, étui d'or, éventail superbe, mouchoirs de batiste de la plus grande finesse, imbibés plutôt que parfumés des plus précieuses essences. Je considère avec attention la richesse et le travail de ses deux montres, de ses chaînes, de ses breloques étincelantes de petits diamants; enfin je trouve un pistolet : c'était un briquet anglais d'acier poli et du plus beau fini.

— Tout ce que je vois, ma divine amie, est au-dessous de moi; mais je ne puis m'empêcher de faire éclater mon admiration pour l'être étonnant, je dirais presque adorable, qui veut te convaincre que tu es bien réellement sa maîtresse.

— C'est ce qu'il m'a dit quand je l'ai prié de me conduire à Venise et de m'y laisser. « Amuse-toi, m'a-t-il dit, et je désire que celui que tu vas rendre heureux te convainque qu'il en est digne. »

— C'est un homme étonnant, je le répète, et taillé sur un modèle qui m'a servi pas pour lui. Un amant de cette trempe est unique, et je sens que je ne saurais lui ressembler, comme je crains de ne point mériter un bonheur dont je suis ébloui.

— Permets-moi de m'aller démasquer seule.

— Sois maîtresse de tes volontés.

Un quart d'heure après, mon amante revint. Elle était coiffée en homme : ses faces, à longues boucles, lui descendaient jusqu'au bas des joues, ses cheveux, attachés au nœud de ruban noir, dépassaient le pli de ses jambes, et ses formes représentaient Antinoüs : ses habits, à la française empêchaient seuls que l'illusion fût complète. J'étais dans une série d'enchantement, et mon bonheur me paraissait incompréhensible.

— Non, femme adorable, non, tu n'es pas faite pour un mortel, lui dis-je, et je crois sentir que tu ne seras jamais à moi. Quelque miracle, au moment de te posséder, viendra t'arracher à mon ardeur. Ton divin époux, peut-être, jaloux d'un simple mortel, détruira mes espérances. Il est possible que dans un quart d'heure je ne sois plus.

— Es-tu fou, mon ami ? je suis à toi dans l'instant si tu veux.

— Ah ! si je veux ! Quoiqu'à jeun, viens l'amour et le bonheur seront mes aliments.

Elle avait froid, nous nous assîmes auprès du feu; et, n'en pouvant plus d'impatience, je détache une agrafe de brillants qui retenait son jabot. Lecteur, il est des sensations si vives et si douces, dont les ans ne peuvent à peine affaiblir le souvenir et que le temps ne détruit jamais ! Ma bouche avait déjà couvert de baisers cette gorge enchanteresse; mais le corset importun ne m'avait pas permis d'admirer toute sa perfection. Je sentais alors libre de ce tourment et de tout soutien inutile; je n'ai jamais rien vu, rien touché de plus beau; et les deux globes admirables de la Vénus de Médicis, eussent-ils été animés par l'étincelle

(1) *Masque.*

de Prométhée, auraient pâli devant ceux de ma divine nonne.
Je brûlais de désirs et je me disposais à les satisfaire quand cette femme enchanteresse me calma d'un seul mot :
— Attendons après souper.
Je sonne, elle frémit.
— Calme-toi, mon amie.
Je lui montre le secret :
— Tu pourras dire à ton amant que personne ne t'aura vue.
— Il admirera ton attention, et il devinera que tu n'es pas novice dans l'art de plaire. Mais il est évident que je ne suis pas la seule qui jouis avec toi des délices de ce charmant séjour.
— Tu as tort; crois-m'en sur ma parole : tu es la première femme que j'y aie vue. Tu n'es pas, femme adorable, ma première passion, mais tu seras ma dernière.
— Je serai heureuse si tu es constant. Mon amant l'est : est doux, bon et aimable; cependant, avec lui, mon cœur a toujours été vide.
— Le sien doit l'être aussi; car, si son amour était de nature du mien, jamais tu n'aurais fait mon bonheur.
— Il m'aime comme je t'aime; et crois-tu que je t'aime?
— J'aime à le croire; mais tu ne me laisserais pas...
— Tais-toi; car je sens que, pourvu que tu ne me laisses rien ignorer, je pourrais tout te pardonner. La joie que j'éprouve en ce moment tient plus de l'espérance que j'ai de ne te laisser rien à désirer que de l'idée que je vais passer avec toi une nuit délicieuse. Elle sera la première de ma vie.
— Comment ! tu n'en as jamais passé avec ton amant?
— Plusieurs; mais l'amitié, la complaisance, et la reconnaissance peut-être, on firent tous les frais; l'essentiel, l'amour, manquait au rendez-vous. Malgré cela mon amant te ressemble. Il a l'esprit enjoué, monté à l'instar du tien; et, sous les rapports de la figure, il est fort bien; cependant ce n'est pas toi. Je le crois aussi plus riche que toi, quoique ce casino m'induise à juger le contraire; mais que fait la richesse à l'amour? Et ne vas pas t'imaginer que je le reconnaisse moins de mérite qu'à lui parce que je le crois incapable de l'héroïsme de me permettre une absence; au contraire, je sais que tu ne m'aimerais pas comme je suis ravie que tu m'aimes, si tu me disais que tu pourrais avoir pour une de mes fantaisies la même indulgence que lui.
— Sera-t-il curieux des particularités de cette nuit?
— Il croira me faire plaisir en m'en demandant des nouvelles, et je lui dirai tout, excepté les circonstances qui pourraient l'humilier.

Après le souper, qu'elle trouva délicieux, elle fit du punch, et elle s'y entendait; mais, sentant mon impatience s'accroître :
— Réfléchis, lui dis-je, que nous n'avons que sept heures devant nous, et que nous serions dupes de les passer ici.
— Tu raisonnes mieux que Socrate, me dit-elle, et ton éloquence me persuade : viens. Elle me mène dans le galant cabinet de toilette, où je lui fis présent du beau bonnet en la priant de se coiffer en femme. Elle le prit avec joie, et me pria d'aller me déshabiller dans le salon, en promettant de m'appeler dès qu'elle serait couchée.
Je n'attendis pas longtemps; car, quand le plaisir est de la partie, la besogne se fait vite. Je tombais dans ses bras ivre d'amour et de bonheur, et pendant sept heures je lui donnai les preuves les plus positives de mon ardeur et du sentiment qu'elle m'inspirait. Enfin le fatal carillon se fit entendre; il fallut faire trêve à nos transports; mais avant de sortir de mes bras, elle éleva les yeux vers l'empirée comme pour remercier son divin maître de l'effort qu'elle avait osé faire de me déclarer sa passion.
Nous nous habillâmes, et, me voyant mettre dans ma poche le beau bonnet de dentelles, elle m'assura qu'elle le conserverait toute sa vie comme le témoin du bonheur dont elle était inondée. Ayant pris une tasse de café, nous sortîmes et je la laissai à la place de Saint-Jean et Saint-Paul, lui promettant d'aller la voir le surlendemain, et, après l'avoir vue entrer en sûreté dans sa gondole, j'allai me coucher, et dix heures d'un sommeil non interrompu me remirent dans mon assiette naturelle.

IX

Suite du précédent chapitre. — Visite au parloir et conversation avec M. M. — Lettre qu'elle m'écrit et ma réponse. — Nouvelle entrevue au casino de Muran en présence de son amant.

Ainsi que je le lui avais promis, j'allai la voir le surlendemain; mais aussitôt qu'elle fut au parloir, elle me dit que son amant s'était fait fait annoncer, qu'elle l'attendait à chaque instant, et qu'elle espérait me revoir le lendemain. Je pars. Auprès du pont, je vois un masque mal masqué sortir d'une gondole. Je regarde le barcarol, et je le reconnais pour être au service de l'ambassadeur de France. C'est lui, me dis-je. Et, sans faire semblant de l'observer, je le vois entrer au couvent : plus de doute; et je pars pour Venise, charmé d'avoir fait cette découverte; mais je me déterminé à n'en rien dire à mon amante.
Je la vis le lendemain, et voici la conversation que nous eûmes ensemble.
— Mon ami, me dit-elle, vint hier pour prendre congé jusqu'aux fêtes de la Noël. Il va à Padoue, mais tout est disposé pour que nous puissions souper à son casino quand l'envie nous en prendra.
— Et pourquoi pas à Venise?
— Il m'a prié de ne pas y aller pendant son absence. C'est un homme sage et prudent; je n'ai pas dû le lui refuser.
— À la bonne heure. Quand souperons-nous ensemble?
— Dimanche, si tu veux.
— Si je le veux n'est pas le mot, car je veux toujours. Dimanche donc je m'y rendrai sur la brune, et j'attendrai en lisant. As-tu dit à ton ami que tu n'as pas été mal à mon petit palais?
— Tout, il sait tout; mais, mon cœur, une chose m'inquiète : il craint le fatal embonpoint.
— Je veux mourir si j'y ai pensé. Mais, ma chère, ne cours-tu pas le même risque avec lui?
— Non, c'est impossible.
— Je t'entends. Il faudra donc que nous soyons bien sages à l'avenir. Je pense que neuf jours avant Noël il n'y aura plus de masques, et qu'alors je serai obligé d'aller à ton casino par eau, car autrement je pourrais facilement être reconnu par le même espion qui m'a déjà suivi.
— Oui; c'est une idée fort sage, et je le ferai facilement reconnaître la rive. J'espère que tu pourras aussi y venir pendant le carême, quoiqu'on dise que Dieu veut qu'alors nous mortifiions nos sens. N'est-il pas plaisant qu'il y ait un temps où Dieu veuille que nous nous amusions comme des fous, et un autre où pour lui plaire il faille que nous vivions dans l'abstinence? Qu'est-ce qu'un anniversaire peut avoir de commun avec la Divinité, et comment l'action de la créature peut-elle agir sur le Créateur, que ma raison ne peut concevoir qu'indépendant?
— Ma charmante amie, tu raisonnes à merveille; mais voudrais-tu me dire où tu as appris à raisonner ainsi, et comment, dans un couvent, tu as fait pour sauter le fossé?
— Oui. Mon ami m'a donné de bons livres, j'ai lu avec application, et la lumière de la vérité a dissipé les ténèbres dont ma vue était obscurcie.
Cette conversation me fit connaître que ma belle était un esprit fort; mais je n'en ai nullement surpris, car elle avait encore plus besoin d'apaiser sa conscience que de satisfaire ses sens.
Le dimanche après dîner, je pris une gondole à deux rames, et j'allai faire le tour de l'île de Muran pour m'assurer de la rive du casino et pour découvrir la petite porte, par où mon amie sortait du couvent : j'y perdis mon temps et ma peine, car je ne connus la rive que dans la neuvaine, et la petite porte que six mois plus tard, encore au risque de ma vie. Nous en parlerons quand nous en serons là.
Dès qu'il en fut temps, je me rendis au temple, et, en attendant l'idole, je m'amusai à examiner les livres d'une petite bibliothèque qui était dans le boudoir. Ils n'étaient pas nombreux, mais ils étaient choisis et bien dignes du lieu. Une foule de petits tableaux tapissaient en outre les parois du cabinet, et tous étaient des chefs-d'œuvre dans le genre des gravures.
Il y avait une heure que j'étais occupé à considérer tous ces objets, dont la vue m'avait mis dans une irritation irrésistible, je vis entrer ma belle maîtresse en habit de religieuse. Sa vue n'était pas un calmant; aussi, sans me perdre en compliments :
— Tu viens, lui dis-je, dans l'instant le plus opportun. Toutes ces images amoureuses ont lancé dans mes veines un feu qui me dévore, et c'est dans ton habit de sainte que tu dois y apporter le remède que mon amour te demande.
— Laisse-moi m'habiller en habit ordinaire, mon ami; dans cinq minutes, je serai toute à toi.
— Dans cinq minutes j'aurai été heureux, ensuite tu iras te transformer.
— Mais laisse-moi me débarrasser de ces laines que je n'aime pas.
— Non, tu dois recevoir l'hommage de mon amour dans le même habit que tu portais quand tu le fis naître.
Elle prononça de l'air le plus humble son *Fiat voluntas tua* qu'elle accompagna du plus voluptueux sourire, et elle se laissa tomber sur un sofa; nous oubliâmes en un instant l'univers. Après cette douce extase, je l'aidai à se déshabiller, et bientôt une simple robe de mousseline des Indes transforma mon aimable nonne en nymphe toute ravissante.
Après un souper délicieux, nous convînmes que nous ne nous reverrions que le premier jour de la neuvaine. Elle me donna les clefs de la porte de la rive, et me dit qu'un ruban bleu attaché à la fenêtre au-dessus me la ferait reconnaître pendant le jour afin que je ne me trompasse pas le soir. Je la comblai de joie en lui disant que j'irais

habiter son casino jusqu'au retour de son ami, et pendant les dix jours que j'y demeurai je la vis quatre fois, et je la convainquis que je ne vivais que pour elle.

Je m'amusai à lire et j'écrivais à C. C...., mais ma tendresse pour elle était devenue tranquille. La chose qui m'intéressait le plus dans les lettres qu'elle m'écrivait était ce qu'elle me disait de son amie. Elle me blâmait de n'avoir pas cultivé la connaissance de M. M..., et je lui répondis que je ne l'avais pas fait, de peur d'être connu, et je l'engageais à garder inviolablement le secret.

Je ne crois pas qu'il soit possible d'aimer au même degré deux objets à la fois, ni de maintenir l'amour en vigueur en lui donnant trop de nourriture ou en ne lui en donnant pas du tout. Ce qui maintenait ma passion pour M. M... dans le même état de force, c'est que je ne pouvais jamais la posséder qu'avec le plus grand danger de la perdre.

— Il est impossible, lui dis-je, qu'une fois ou autre quelque religieuse n'ait pas besoin de te parler dans un instant où tu seras absente.

— Non, me disait-elle, cela ne saurait arriver, car rien n'est plus respecté dans le couvent que la liberté de toute religieuse doit avoir de se rendre inaccessible, même à l'abbesse. Il n'y a qu'un incendie qui puisse être à craindre; car, dans ce cas, tout serait dans une horrible confusion, et il ne paraîtrait pas naturel qu'une religieuse restât paisiblement enfermée dans sa cellule pendant qu'elle courrait un si grand danger. J'ai su gagner la sœur converse et le jardinier, ainsi qu'une autre religieuse, et c'est l'adresse jointe à l'or de mon amant qui ont opéré le miracle. C'est lui qui me répond de la fidélité du cuisinier et de sa femme, qui sont commis à la garde du casino. Il est également sûr des deux gondoliers, quoique l'un soit immanquablement espion des inquisiteurs de l'État.

La veille de Noël elle me dit que son amant allait arriver, et que le jour de Saint-Étienne elle irait à l'Opéra avec lui et qu'ensuite ils passeraient la nuit ensemble.

— Je t'attends, mon doux ami, le dernier jour de l'an, et voici la lettre que je te prie de ne lire que chez toi.

Devant déménager pour faire place à un autre, je fis mon paquet de grand matin, et, quittant un asile où pendant dix jours j'avais eu tant de jouissance, je me rendis au palais Bragadin, où je lus la lettre que voici:

« Tu m'as un peu piquée, mon cher ami, en me disant à propos du mystère que je suis obligée de te faire sur mon amant, que, content de posséder mon cœur, tu me laissais maîtresse de mon esprit. Cette division de cœur et d'esprit me paraît purement sophistique et, si elle ne te semble pas telle, tu dois convenir que tu ne m'aimes pas tout entière; car il est impossible que j'existe sans esprit, et que tu puisses chérir mon cœur s'il n'est pas d'accord avec lui. Si ton amour peut se contenter du contraire, il excelle pas en délicatesse. Cependant, comme il pourrait arriver tel cas où tu pourrais me convaincre de n'avoir pas agi à ton égard avec toute la sincérité qu'un véritable amour inspire et peut exiger, je me suis déterminée à te découvrir un secret qui concerne mon ami, quoique je sache qu'il compte entièrement sur ma discrétion. Je vais commettre une trahison, mais tu ne m'en aimeras pas moins, car, réduite à devoir opter entre vous deux, et forcée de tromper l'un ou l'autre, m'a emporté; mais ne m'en punis pas, car ce n'est pas aveuglément, et je pèse-rai les motifs qui ont pu faire pencher la balance en ta faveur.

« Désirant je me suis sentie incapable de résister à l'envie de te connaître de près, je n'ai pu me satisfaire qu'en me confiant à mon ami, et si je n'ai pas douté de sa complaisance, il conçut de ton caractère une idée très avantageuse en lisant ta première lettre, d'abord parce que tu choisis-sais le parloir pour notre première entrevue, et puis parce que tu indiquais son casino de Muran de préférence au tien. Mais il me demanda aussi d'avoir la complaisance de lui permettre d'être présent à notre premier rendez-vous dans un petit cabinet, véritable cachette, d'où l'on peut voir tout ce qu'on fait et entendre tout ce qu'on dit dans le salon. Tu n'as pas encore vu ce cabinet indéchiffrable, mais tu le verras le dernier jour de l'an. Dis-moi, mon cœur, pouvais-je refuser cette singulière satisfaction à l'homme qui me montrait tant de complaisance? Je consentis à sa demande, et rien alors n'était plus naturel que de t'en faire un mystère. Maintenant tu sais que mon ami fut témoin de tout ce que nous fîmes et dîmes pendant la première nuit que nous avons passée ensemble; mais que cela ne te déplaise pas, car tu lui as plu en tout; admis les procédés comme dans les jolis propos que tu m'as dits pour rire. J'avais bien peur, quand le discours tombait sur son compte, que tu ne dises quelque chose de peu flatteur pour son amour-propre, mais heureusement il ne put entendre que des choses flatteuses. Voilà, mon cœur, la confession sincère de toute ma trahison; mais, mon amoureux sage, tu me la pardonneras d'autant plus qu'elle ne t'a fait aucun tort. Mon ami a la plus grande curiosité de savoir qui tu es. Écoute: cette nuit-là tu fus naturel, et tout a si bien

confié la chose, il est même possible que tu n'y eusses pas consenti, et, peut-être aurais-tu eu raison.

« Maintenant que nous nous connaissons et que tu ne doutes pas, je l'espère, de ma tendre amour, je veux me mettre en repos et risquer le tout pour le tout. Sache donc, mon cher ami, que le dernier jour de l'an mon ami sera au casino et qu'il n'en partira que le lendemain matin. Tu ne verras pas et il nous verra. Comme tu es censé n'en rien savoir, tu sens combien tu dois être naturel en tout; car, si tu ne l'étais pas, il pourrait concevoir le soupçon que j'ai trahi le secret. La chose sur laquelle tu dois t'observer sont les propos. Mon ami a toutes les vertus excepté la vertu théologale qu'on appelle foi, et sur cette matière tu auras le champ libre. Tu pourras parler littérature, voyages, politique, tout que tu voudras, même point te gêner sur les anecdotes, sûr d'avoir son approbation. »

« Maintenant, mon ami, il ne me reste plus qu'une chose à dire: es-tu d'humeur de te laisser voir par un homme dans les moments où tu te livres à la plus douce volupté des sens? Cette incertitude fait maintenant tout mon tour-ment, et je te demande en grâce un oui ou un non. Comprends-tu ce que ma crainte a de pénible? Sens-tu la difficulté que je dois avoir eue à me déterminer à cette démarche? Je m'attends à ne pas fermer l'œil de la nuit prochaine, car je n'aurai de repos qu'après que j'aurai vu ta réponse. Dans le cas où tu ne croirais pas pouvoir te montrer tendre en présence d'un tiers, et surtout d'un inconnu, je prendrai le parti que l'amour me suggérera. J'espère cependant que tu viendras; car quand bien même tu ne jouerais pas le rôle d'amoureux en maître, cela ne tirerait point à conséquence. Je lui laisserai croire que ton amour n'est plus à son apogée. »

Cette lettre me surprit; mais, toute réflexion faite, trouvant mon rôle plus beau que celui que l'amant se proposait, j'en ris de bon cœur. J'avoue pourtant que la chose ne m'aurait pas fait rire si je n'avais connu la trempe de l'individu que je devais avoir pour témoin. Sachant mon amie très inquiète et voulant la tranquilliser, je lui écrivis de suite en ces termes:

« Tu veux, femme divine, que je te réponde oui ou non; et moi, plein d'amour pour toi, je veux que ma réponse te parvienne avant midi afin que tu dînes sans la moindre inquiétude.

« Je passerai la nuit du dernier jour de l'an avec toi, et je t'assure que l'ami, auquel nous donnerons un spectacle digne de Paphos et d'Amathonte, ne verra et n'entendra rien qui puisse lui faire conjecturer que je suis dépositaire de son secret; et sois certaine que je jouerai mon rôle non en simple amateur, mais en maître. Si le devoir de l'homme est d'être toujours esclave de sa raison; si, tant qu'il dépend de lui, il ne doit rien se permettre sans la prendre pour guide, il ne pourra jamais comprendre qu'un homme puisse avoir honte de se montrer à un ami dans un moment où la nature et l'amour le favorisent également.

« Je t'avouerai cependant que tu aurais mal fait de me confier le secret la première fois, et que sans doute, je me serais refusé à te donner cette marque de complaisance; non que je t'aimasse moins alors que je le fais aujourd'hui; mais j'ai des goûts si bizarres dans la nature, que j'aurais pu m'imaginer que le goût dominant de ton amant était de jouir de la vue des jouissances d'un couple ardent et effréné dans le plus doux des rapprochements; et alors, concevant de toi une idée désavantageuse, le dépit aurait pu glacer l'amour que tu m'as inspiré et qui me faisait que de naître. Aujourd'hui, ma charmante amie, le cas est bien différent; car je sais tout ce qu'il possède, et tout ce que tu m'as dit de ton ami m'ayant bien fait connaître son caractère, je l'aime et je le crois mon ami. Si un sentiment de pudeur ne l'empêche pas de te laisser voir de lui tendre, amoureuse et ardente avec moi, comment pourrais-je être honteux moi-même, quand tout au contraire doit m'enorgueillir? Je ne puis, ni désavouer, ni rougir d'avoir fait ta conquête, ni avoir honte de me montrer dans ces instants, où je fais preuve de la libéralité avec laquelle la nature m'a départi la forme et les forces qui m'assurent de si vives jouissances et la certitude de les faire partager à la femme que j'adore. Je sais que, par un sentiment qu'on appelle naturel et qui n'est peut-être qu'un produit de la civilisation et l'effet des préjugés de la jeunesse, la plupart des hommes répugnent à se laisser voir dans ces moments-là; mais ceux qui ne sauraient alléguer de bonnes raisons de cette répugnance doivent participer de la nature du chat: au reste, ils peuvent en avoir de bonnes, pour peu qu'ils se croient obligés de faire connaître, si ce n'est à la femme qui s'y trompe, l'excuse de tout mon cœur ceux qui savent qu'ils n'exciteraient que la pitié des spectateurs; mais nous savons que nous ne saurions exciter ce triste sentiment. Tout ce que tu m'as dit de ton ami m'assure qu'il partagera nos plaisirs. Mais sais-tu ce qui arrivera? L'ardeur de ces deux feux allumera la sienne, et j'en suis fâché pour cet excellent. Il n'y pourra y tenir, et il sera à mes genoux pour me demander de lui céder ce qui seul peut calmer son irritation. Que faire si cela arrive? te céder? Je ne pourrais guère m'y refuser de bonne grâce; mais je m'en irais, car il me serait impossible d'être tranquille spectateur. »

Au jour marqué, je me trouvai au rendez-vous à l'hô-

ordinaire et mon amie ne me fit pas attendre. Elle était dans le cabinet, où elle avait eu le temps de s'habiller, et dès qu'elle m'entendit, elle vint à moi, mise avec une élégance rare, et me dit :

— L'ami n'est pas encore à son poste, mais dès qu'il y sera je te ferai signe de l'œil.

— Où est donc ce mystérieux cabinet ?

— Le voilà. Observe le dossier de ce canapé qui tient à la paroi. Toutes ces fleurs en relief ont un trou dans le centre qui communique au cabinet qui est derrière. Il y a un lit, une table et tout ce qu'il faut à quelqu'un qui veut y passer la nuit en s'amusant à regarder ce qu'on fait ici. Je te le ferai voir quand tu voudras.

— Est-ce ton amant qui l'a fait faire ?

— Non, certainement ; car il ne pouvait pas prévoir qu'il en ferait usage.

— Je comprends que ce spectacle puisse lui faire un grand plaisir ; mais ne pouvant te posséder dans un moment où la nature lui en fera un besoin impérieux, que fera-t-il ?

— Ce sont ses affaires. Il est d'ailleurs le maître de partir s'il s'ennuie, ou de dormir s'il a sommeil ; mais si tu joues au naturel, il ne s'ennuiera pas.

— Je le serai, excepté que je serai plus poli.

— Point de politesse, je t'en supplie ; car si tu es poli, adieu le naturel. Où as-tu vu, je t'en prie, que deux amants livrés à toute la fureur de l'amour, s'avisent d'observer la politesse ?

— Tu as raison, mon cœur ; mais j'aurai de la délicatesse.

— A la bonne heure, cela ne gâte rien ; mais comme les autres fois seulement. Ta lettre m'a fait plaisir ; tu as traité la matière en homme expert.

J'ai dit que mon amante était mise avec une élégance remarquable, mais j'aurais dû ajouter que cette élégance était celle des Grâces et qu'elle ne dérobait rien à la simplicité et à l'aisance. Je trouvai seulement extraordinaire qu'elle eût mis du fard, mais cela me plut parce qu'elle l'avait mis à la façon des dames de Versailles. L'agrément de cette peinture consiste dans la négligence avec laquelle on l'applique sur les joues. On ne veut pas que le rouge paraisse naturel, on le voit pour faire plaisir aux yeux qui voient les marques d'une ivresse qui leur promet des égarements et des fureurs enchanteresses. Elle me dit qu'elle en avait mis pour faire plaisir au curieux qui l'aimait beaucoup.

— A ce goût, lui dis-je, je devine qu'il est Français.

A ces mots elle me fit un signe : l'ami était au poste. C'était le moment où la comédie commençait.

— Plus je te regarde, mon ange, et plus je te trouve digne de mes admirations.

— Mais tu es persuadé que tu n'adores pas une divinité cruelle ?

— Aussi ne fais-je point de sacrifices pour t'apaiser, mais bien pour t'enflammer ! Tu vas sentir toute la nuit l'ardeur de ma dévotion.

— Tu ne me trouveras pas insensible à tes sacrifices.

— Je les commencerai de suite, mais je pense que, pour mieux en assurer l'efficacité, il faut que nous soupions ; car je n'ai pris aujourd'hui qu'une tasse de chocolat et une salade de blancs d'œufs assaisonnée à l'huile de Lucques et au vinaigre des Quatre-Voleurs.

— Mais, mon ami, quelle folie ; tu dois être malade ?

— Oui, dans ce moment ; mais je me porterai à merveille quand je les aurai distillés sur ton âme amoureuse.

— Je ne croyais pas que tu eusses besoin de stimulant.

— Qui pourrait en avoir besoin avec toi ?

Pendant que nous nous amusions à ce dialogue édifiant, le couvert avait été mis et nous nous mîmes à table. Elle mangea pour deux et moi pour quatre, car notre excellent appétit relevé par la délicatesse des mets. Le dessert somptueux fut servi en vermeil, semblable aux deux flambeaux qui portaient chacun quatre bougies. Voyant que j'en admirais la beauté :

— C'est, me dit-elle, un présent que m'a fait mon ami.

— C'est un présent magnifique ! t'a-t-il aussi donné les mouchettes ?

— Non.

— Cela me porte à croire que ton ami est un grand seigneur.

— Comment donc ?

— C'est que les grands ne savent pas qu'on mouche.

— Nos bougies ont des mèches qu'on n'a jamais besoin de moucher.

— Dis-moi qui t'a appris le français ?

— C'est le vieux La Forest. J'ai été son élève pendant six ans. Il m'a aussi appris à faire des vers ; mais tu sais une foule de mots que je ne lui ai jamais entendu prononcer, comme à gogo, frustatoire, rater, dorloter : qui te les a appris ?

— La bonne compagnie de Paris et surtout les femmes.

Après avoir fait du punch, nous nous amusâmes à manger des huîtres de la manière la plus voluptueuse pour deux enfants qui s'adorent : nous les humions tour à tour après les avoir placées sur la langue. Lecteur voluptueux, goûtez-en et dites si ce n'est pas là sans doute le nectar des dieux.

Enfin, le temps de la plaisanterie étant fini, il fallait songer à des plaisirs plus substantiels, et je le lui rappelai. Attends, me dit-elle, je vais changer de robe, dans un instant je suis à toi.

Minuit étant sonné, je lui montrai l'acteur soupirant ; et elle se mit à arranger le sofa, disant que l'alcôve était trop froide et que nous coucherions là. La véritable raison de cet arrangement était de nous mettre en évidence pour satisfaire l'amant curieux.

Lecteur, il faut des ombres aux tableaux et rien de si beau sous un aspect qui ne demande parfois être vu sous un autre. Pour vous peindre la scène variée que nous jouâmes jusqu'à l'aube du jour, il faudrait épuiser toutes les couleurs de la palette d'Arétin. J'étais ardent et vigoureux, mais j'avais à faire à forte partie, et le matin, après le dernier exploit, nous étions positivement épuisés, et à tel point que ma charmante nonne en fut alarmée pour moi.

Elle s'habilla en religieuse, et après m'avoir conjuré de me coucher et de lui écrire avant de retourner à Venise pour lui faire savoir comment je me portais, elle partit. Il me fut facile de lui obéir, car j'avais le plus grand besoin de repos : je dormis jusqu'au soir. Dès que je fus éveillé, je me hâtai de lui mander que je me portais à merveille et que je me sentais disposé à recommencer notre délicieuse lutte. Je la priai de m'écrire comment elle se trouvait ; ensuite je retournai à Venise.

X

Je donne mon portrait à M. M. — Présent qu'elle me fait. — Je vais à l'Opéra avec elle. — Elle joue, me remet en fonds. — Conversation philosophique avec M. M. — Lettre de C. C. — Elle sait tout. — Bal au monastère ; mes exploits en Pierrot. — C. C. vient au casino au lieu de M. M. — Sotte nuit que je passe avec elle.

Ma chère M. M. m'avait témoigné le désir d'avoir mon portrait dans le genre de celui de C. C., mais plus grand, pour le porter en médaillon. Il devait être recouvert du portrait de quelque saint ou sainte et muni d'un ressort imperceptible pour faire sauter le couvercle et mettre le portrait en évidence. Voulant lui tenir parole, je me rendis chez le peintre qui m'avait fait ma première miniature et, en trois séances, j'eus ce que je désirais. Le même peintre me fit une Annonciation, où l'ange Gabriel était transformé en un brunet et la sainte Vierge en une belle femme blonde qui lui tendait les bras.

Le lendemain du jour de l'an 1754, avant d'aller au Casino, je passai chez Laure pour lui remettre une lettre pour C. C., et en recevoir une qui me fit rire. Ma religieuse avait initié cette jeune personne, non seulement dans les mystères de Sapho, mais aussi dans la haute métaphysique, car C. C. était devenue un esprit fort.

Je reçus le même jour de mon adorable nonne la lettre que voici :

« Je t'écris de mon lit, mon cher brunet, car il m'est impossible de rester debout ; me sentant presque moulue.

« Sans toi, mon cœur, j'aurais vécu sans me connaître, et je me demande s'il serait possible que la nature eût produit une femme qui pût demeurer insensible entre tes bras, ou plutôt de ne pas recevoir contre ton sein une nouvelle vie ? Je fais plus que t'aimer, que te chérir : je t'idolâtre, et ma bouche, espérant rencontrer la tienne, lance mille baisers qui se perdent dans l'air. Je brûle d'avoir ton divin portrait pour étancher par une douce erreur le feu qui dévore mes lèvres amoureuses. Je t'envoie ci-incluse la clef de mon secrétaire. Visite-le et prends ce que tu trouveras encadré dans ces mots : A mon ange. C'est un petit présent que mon ami veut que je te fasse en échange de la magnifique coiffe de nuit que tu m'as donnée. Adieu. »

La petite clef incluse dans la lettre appartenait à un écrin qui était dans le boudoir. Impatient de voir de quelle nature était le présent que son ami l'engageait à me faire, j'ouvre et je trouve un paquet contenant une lettre et un étui en maroquin. Voici la lettre :

« Ce qui te rendra cher ce présent, c'est le portrait d'une femme qui t'adore. Notre ami en avait l'amitié qu'il a pour toi lui a inspiré l'heureuse idée de se dessaisir de l'un en ta faveur. Cette boîte renferme mon portrait en double sous deux différents secrets : en détachant le fond de la tabatière en long, tu me verras en religieuse ; ensuite en poussant l'angle, tu verras s'ouvrir un couvercle à charnière, et là je m'offrirai à tes yeux dans l'état de simple nature. Il est impossible, mon doux ami, que jamais femme t'ait aimé comme je t'aime.

Notre ami attise ma passion par la manière flatteuse avec laquelle il s'exprime sur ton compte. Je ne puis décider si je suis plus heureuse en ami qu'en amant, car je ne saurais rien imaginer au-dessus de l'un et de l'autre. »

L'étui contenait une tabatière d'or, et quelques brins de tabac d'Espagne prouvaient qu'on s'en était servi. Je suivis les indices de la lettre et je vis d'abord mon amante en religieuse, debout et en demi-profil. Le second fond me la montra toute nue étendue sur un matelas de satin noir, dans la posture de Madeleine du Coreggio. Elle regardait un Amour, ayant le carquois à ses pieds et se tenant gracieusement assis sur les habits de religieuse. C'était un présent si beau que je ne m'en croyais pas digne. Je lui écrivis une lettre où la plus vive reconnaissance se mêlait aux expressions du plus ardent amour. Le coffret renfermait dans des tiroirs tous ses diamants et quatre bourses remplies de sequins. J'admirai sa confiance et son noble procédé; je renfermai l'écrin, laissant tout religieusement à sa place, et je retournai à Venise. Si j'avais su et pu me soustraire de l'empire de la fortune en cessant de jouer, j'aurais été heureux de tout point.

Mon portrait étant monté avec une rare perfection et étant fait pour être porté en sautoir, je le suspendis à six aunes de chaîne de Venise à maille d'Espagne et j'en fis par là un présent fort noble. Le secret était dans l'anneau par lequel on le suspendait, ce qui le rendait très difficile à deviner; mais il fallait le tirer avec force et d'une certaine façon pour que le ressort partît et mît à découvert mon image. En le refermant on ne voyait que l'Annonciation, et c'était alors une belle parure pour une religieuse.

Le soir du jour des Rois, j'allai de bonne heure me mettre en sentinelle auprès de la belle statue élevée au héros Colleoni.

A deux heures précises (1) je vis mon amante sortir de la gondole, habillée et très bien masquée en femme. Nous allâmes à l'opéra à Saint-Samuel, et à la fin du second ballet nous allâmes au ridotto, où elle s'amusa beaucoup à regarder toutes les dames patriciennes, qui seules avaient le privilège de s'asseoir à visage découvert. Après nous être promenés une demi-heure, nous passâmes dans la salle des grands banquiers. Elle s'arrêta devant la table du seigneur Mocenigo, qui, m'ayant demandé si je voulais jouer, et lui ayant répondu que non :

— Je te prends à moitié, me dit-elle.

Et sans attendre de réponse, elle tire une bourse et met sur ma carte un rouleau d'or. Le banquier, sans se déranger, mêle, taille, et mon amie gagne sa carte et le reva au paroli. Le banquier paye, puis prend un autre jeu de cartes et continue de parler à sa dame, se montrant indifférent à quatre cents sequins que ma belle avait déjà placés sur la même carte. Le banquier continuant à causer, M. M... me dit en bon français :

— Notre jeu n'est pas assez fort pour intéresser monsieur; allons-nous-en.

Elle ôte sa carte, je ramasse l'or que je mets dans mes poches sans répondre à monsieur, qui m'a dit :

— Votre masque est vraiment trop intolérant.

Je rejoins ma belle joueuse, qui était entourée.

Bientôt nous nous arrêtâmes devant la banque du seigneur Pierre Marcello, charmant jeune homme qui avait à son côté Mme Venier, sœur du seigneur Momolo. Mon amante joue; elle perd cinq rouleaux de suite. N'ayant plus d'argent, elle prend dans sa poche de l'or à pleine mains, et en quatre ou cinq tailles met la banque à l'agonie. Elle quitte, et le noble banquier la salue en lui faisant compliment sur son bonheur. Après avoir serré tout l'or gagné, je lui donne le bras et nous partons; mais, m'apercevant que des curieux nous suivaient, je pris une gondole de trajet que je fis aborder où je voulus. C'est ainsi qu'à Venise on échappe toujours aux regards investigateurs.

Après avoir soupé, je comptai notre gain, et je me trouvai, pour ma part, en possession de mille sequins. Ayant mis le reste en rouleaux, mon amie me pria de les lui mettre dans son petit coffret avec les autres. Quand cette besogne fut faite, je tirai mon médaillon de ma poche et je le lui passai en sautoir, ce qui lui causa la joie la plus vive. Après s'être longtemps évertuée à chercher le ressort sans pouvoir le découvrir, je lui en montrai le secret, elle le trouva très ressemblant.

Réfléchissant que nous n'avions que trois heures à pouvoir consacrer aux mystères de l'amour, je la priai de me permettre d'en profiter.

Le matin, je conduisis mon adorable nonne jusqu'à sa gondole, ensuite j'allai me coucher, mais sans pouvoir dormir. Je me levai pour aller payer quelques dettes criardes, car l'un des plus grands plaisirs que puisse, selon moi, goûter un dissipateur, est de payer certaines dettes. L'or que ma maîtresse m'avait gagné me porta bonheur, car je ne passai pas un jour de carnaval sans gagner.

Trois jours après la fête des Rois, étant allé au casino de Muran pour mettre dans l'écrin de M. M... une douzaine de rouleaux, la concierge me remit une lettre, et j'en avais reçu une de C. C... quelques instants auparavant par l'entremise de Laure.

(1) *Deux heures après le coucher du soleil.*

Ma nouvelle amante, après m'avoir donné des nouvelles de sa santé, me priait de m'informer auprès de mon orfèvre si par hasard il n'avait pas monté une bague qui portait au chaton sainte Catherine, laquelle, sans doute, devait aussi recouvrir un portrait : elle désirait en apprendre le secret. C'est, me disait-elle, une jeune et belle pensionnaire, mon amie, qui a cette bague. Il doit y avoir un secret, mais elle l'ignore.

Je lui répondis que je ferais exactement ce qu'elle me demandait. Mais voici la lettre de C. C... Elle est assez plaisante par rapport à l'embarras où elle me mettait. Cette dernière était de fraîche date; celle de M. M... avait été écrite deux jours plus tôt.

« Ah ! que je suis contente, mon cher petit mari ! tu aimes M. M..., ma chère amie. Elle a un médaillon gros comme une bague, et elle ne peut l'avoir reçu que de toi : je suis sûre que sous l'Annonciation se trouve ton image chérie. J'ai reconnu le pinceau du peintre; car c'est évidemment le même qui a fait le médaillon. Je suis très sûre que c'est de toi que M. M... tient le présent. Satisfaite de savoir tout, je n'ai pas voulu risquer de lui faire de la peine en lui disant que je la connaissais son secret; mais ma chère amie, ou plus franche ou plus curieuse, n'a pas agi ainsi. Elle m'a dit, qu'elle est sûre que la sainte Catherine n'est là que pour servir de couvercle au portrait de son amant. Je lui ai dit, ne pouvant faire mieux, qu'effectivement la bague était un don de mon amant; mais que je ne savais pas qu'elle pût renfermer son portrait. Si la chose est ainsi, m'a-t-elle dit, et si cela ne te fait pas de peine, je tâcherai de découvrir le secret : ensuite je te le ferai aussi connaître le mien. Certaine qu'elle ne le trouverait pas, je lui ai donné ma bague en lui disant que cette découverte me ferait grand plaisir.

« Ma tante m'ayant fait appeler dans cet instant je lui ai laissé la bague, qu'elle me rendit après dîner en me disant qu'elle n'avait pu deviner le secret, mais qu'elle persistait à croire qu'il y en avait un. Je t'assure que jamais elle ne me trouvera complaisante sur ce point : car si elle le voyait, elle deviendrait ma rivale, et je me verrais obligée de lui dire qui tu es. Je suis fâchée d'être forcée à cette réserve envers elle, mais je ne le vois point du tout que vous vous aimiez réciproquement. Je vous plains seulement de tout mon cœur de vous avoir forcés de faire l'amour au travers d'une affreuse grille : que je voudrais de bon cœur, mon ami, pouvoir te céder ma place ! Je ferais en un instant deux heureux à la fois. Adieu. »

Je lui répondis qu'elle avait deviné, que le médaillon de son amie était un cadeau que je lui avais fait et qu'il contenait mon portrait; mais qu'elle devait garder le secret et être bien certaine que mon amitié pour M. M... ne préjudicial en rien au sentiment qui m'attachait pour la vie. Je ne me dissimulais pas que je tergiversais, que mon amour n'était pas franche; mais que je cherchais à me tromper moi-même, tant il est vrai qu'une femme, fût-elle si faible, en impose plus par le sentiment qu'elle inspire que ne pourrait-le faire l'homme le plus vigoureux. Quoi qu'il en soit, j'avais la faiblesse de chercher à nourrir une intrigue que je voyais toucher à son inévitable dénouement par l'effet de l'intimité qui s'était établie entre ces deux amies rivales.

Laure m'avait appris que tel jour il devait y avoir un bal dans le grand parloir du couvent, je m'étais déterminé à y aller en masque, mais déguisé de façon que mes deux amies ne pussent point me reconnaître, je me masquai en Pierrot, déguisement qui cache le mieux les formes et l'allure. J'étais sûr que mes deux charmantes maîtresses seraient là à la grille et que j'aurais le plaisir de les voir et de les comparer de près.

A Venise pendant le carnaval, on permet cet innocent plaisir dans les couvents de religieuses. Le public danse dans le parloir, et les sœurs se tiennent dans l'intérieur, à leurs amples grilles, spectatrices de la fête. A la fin du jour le bal finit, tout le monde sort et les pauvres recluses sont longtemps heureuses du plaisir des yeux. Ce bal devait avoir lieu le même jour où je devais souper avec M. M... au casino de Muran; mais cela ne m'empêchait pas d'aller au bal, j'avais besoin de voir C. C...

J'ai dit que l'habit de Pierrot est de tous les déguisements celui qui cache le mieux les formes et l'allure; il a aussi l'avantage, au moyen d'un grand bonnet, de cacher les cheveux, et la gaze blanche qui couvre le visage empêche qu'on ne reconnaisse la couleur des yeux et des sourcils : mais, pour que les vêtements ne gênent point les mouvements du masque, il faut n'avoir rien dessous, et par la saison d'hiver un simple fourreau de toile a bien des désagréments. Je n'en tins nul compte; et après avoir pris un potage, je monte en gondole et je me rends à Muran. Je n'avais point de manteau, et dans mes poches je n'avais que mon mouchoir, ma bourse et la clef du casino.

J'entre : le parloir était plein; mais je dus à mon accoutrement que chacun s'empressa de me faire place, car à Venise il est extrêmement rare de voir un Pierrot. Je m'avance marchant en nigaud, selon le caractère du costume, et je vais me placer dans le cercle où l'on dansait. Après avoir considéré les polichinelles, les pantalons, les arlequins et les scaramouches, je m'approchai des

où toute sa famille, couchée dans un large et misérable lit, me regarde avec de grands yeux, tant mon costume leur paraît singulier. Le bonhomme revient une demi-heure après m'annoncer que les barcarols étaient au rivage, mais qu'ils voulaient être payés d'avance. Je me soumets à leur exigence, je lui donne un sequin, je le remercie et je pars.

Je m'embarque sans crainte en voyant deux barcarols vigoureux, et nous quittons aisément le rivage sans que le vent incommode la manœuvre; mais, dès que nous avons dépassé l'île, le vent nous prend avec une telle fureur, que je me vois en danger de périr à l'avance: car, quoique je fusse bon nageur, je n'étais ni assez sûr de mes forces pour me sauver à la nage, ni pour pouvoir résister à la violence du courant. J'ordonne aux barcarols de se lier à l'île, mais ils me répondent que je n'avais pas affaire à des poltrons et que je devais être tranquille. Connaissant le caractère de nos barcarols, je prends le parti de me taire.

Cependant les coups de vent se succédaient avec violence, les ondes écumeuses entraient dans la gondole, et mes deux rameurs, malgré leur intrépidité et leur vigueur, ne pouvaient plus la régir. Nous n'étions qu'à cent pas de l'embouchure du canal des Jésuites lorsqu'un coup de vent furieux fit tomber le barcarol de poupe dans la mer; mais s'étant accroché à la gondole, il y remonta sans beaucoup de peine. Il avait perdu la rame et en prit une autre; mais la gondole, virée de bord, avait déjà parcouru un grand espace par le travers. Le cas était pressant, et je n'avais pas envie de souper chez Neptune. Je jette une poignée de philippes (1) dans la gondole, et j'ordonne aux gondoliers de la mer de jeter la felce qui recouvrait la barque. Le son de l'argent autant que l'aspect du danger fit que je fus obéi dans l'instant, et alors, le vent ayant peu de prise, mes braves barcarols prouvèrent à Éole que leurs efforts étaient supérieurs aux siens; car, en moins de cinq minutes, nous entrâmes dans le canal des Mendiants, d'où je me fis conduire à la rive du palais Bragadin. J'allai me coucher, bien couvert pour rappeler ma chaleur naturelle, mais rien ne put me faire goûter les douceurs d'un sommeil qui m'aurait remis dans mon assiette.

Cinq à six heures après, M. de Bragadin et ses deux inséparables amis vinrent me voir et me trouvèrent dans le délire de la fièvre. Le soir j'eus une sueur si abondante qu'on fut obligé de me changer de lit, et, le surlendemain, la fièvre redoublant avec transport au cerveau; et, le surlendemain, la fièvre ayant cessé, je me trouvai comme perclus et souffrant horriblement d'une courbature. Sentant que je ne pouvais attendre de soulagement que d'un régime sévère, je pris mon mal en patience.

Le mercredi, de grand matin, Laure, la fidèle messagère, vint me trouver à mon lit. Je lui dis que je ne pouvais ni lire ni écrire, et je la priai de revenir le lendemain. Elle mit sur un guéridon, près de mon lit, ce qu'elle avait à me remettre, et elle me parut suffisamment instruite pour informer C. C. de l'état où je me trouvais.

Vers le soir, me sentant un peu mieux, j'ordonnai à mon domestique de m'enfermer, et j'ouvris la lettre de C. C. La première chose que je vis et qui me fit grand plaisir, ce fut la clef du casino qu'elle me renvoyait: je m'étais déjà repenti de l'avoir renvoyée, car je commençais à sentir que j'avais tort. Ce fut absolument comme un baume qui me rafraîchit le sang. Le second objet, non pas moins cher que le retour de la précieuse clef, ce fut une lettre de M. M. dont je m'empressai de rompre le cachet; et je la lus avec avidité ce qui suit:

« Les détails que vous avez lus, ou que vous allez lire dans la lettre de mon amie, vous feront oublier, je l'espère, la faute que j'ai commise bien innocemment, car j'espérais de vous procurer vous faire le plus grand plaisir. J'ai tout vu, tout entendu, et vous ne seriez pas sorti en laissant la clef si je n'avais pas eu le malheur de m'endormir une heure avant mon départ. Reprenez cette clef et revenez au casino demain, puisque le ciel vous a sauvé de la tempête. Votre amour vous autorise peut-être à vous plaindre, mais non à maltraiter une femme qui, certainement, ne vous a donné aucune marque de mépris. »

Je lus ensuite la lettre de ma chère C. C., et je la rapporte parce que je la crois intéressante:

« Je te prie, mon cher mari, de ne point me renvoyer cette clef, à moins que tu ne sois devenu le plus cruel des hommes qui se plaisent à tourmenter deux femmes qui t'aiment ardemment et qui t'aiment pour toi-même. Connaissant ton excellent cœur, j'ose être certaine que tu iras au casino demain au soir, et que tu te raccommoderas avec M. M., qui ne peut pas s'y rendre ce soir. Tu verras que tu as tort, mon cher ami, et que, loin de la mépriser, cette chère amie ne voit que toi dans l'univers. Voici, en attendant, tout ce que tu ne sais pas et que tu dois être curieux d'apprendre.

« Un instant après que tu fus parti par un temps affreux qui m'a causé les plus vives angoisses, et au moment où je voulais retourner au couvent, je fus fort surprise de voir devant moi ma chère M. M., qui, d'un endroit caché, avait entendu tout ce que tu avais dit. Elle avait été plusieurs fois tentée de se montrer, mais elle

(1) Monnaie de cinq francs.

avait toujours été arrêtée par la crainte de venir mal à propos; et d'empêcher le raccommodement qu'elle croyait inévitable entre deux amants qui s'aiment. Malheureusement le sommeil l'avait gagnée avant ta sortie, et elle ne se réveilla qu'au bruit du carillon, lorsqu'il n'était plus temps de te retenir, étant parti avec la précipitation d'un homme qui fuit quelque grand péril. Dès qu'elle le vit, je lui remis la clef que je ne connaissais pas, et mon amie poussa un profond soupir. « Je te conterai tout, me dit-elle quand nous serons rentrées; et nous partîmes par un temps affreux, tremblant pour toi et ne pensant guère à nous-mêmes. Aussitôt que nous fûmes au couvent, je me remis dans mon costume ordinaire, et M. M. se coucha. Je m'assis auprès de son chevet, et voici ce qu'elle me dit:

« — Lorsque tu me laissas la bague pendant que ta tante t'avait fait appeler, je l'examinais, tant que je soupçonnai le petit point bleu de cacher le ressort; et ayant pris une épingle, je le fis sauter, et je ne saurais te peindre ma joie quand je reconnus que nous aimions le même homme; mais je ne saurais non plus te dire la peine que je ressentis en songeant que j'usurpais tes droits. Cependant, enchantée de cette découverte, je conçus de suite le projet de la faire servir à te procurer le plaisir de souper avec lui. Je refermai la bague, et je te la rendis en faisant semblant de n'avoir rien découvert. Je me trouvais dans cet instant la plus heureuse des femmes. Connaissant ton cœur, sachant que tu savais que ton amant m'aimait, puisque tu avais innocemment monté son portrait, et jouissant du bonheur de voir que tu n'en étais pas jalouse, je me serais trouvée méprisable si j'eusse pu nourrir des sentiments différents des tiens, d'autant plus que tes droits sur lui étaient bien autrement fondés que les miens. Quant au mystère que tu m'as toujours fait du nom de ton amant, il m'a été facile de deviner que ce n'était par son nom d'être, et j'ai admiré dans la discrétion la noblesse de tes sentiments et la bonté de ton cœur. Ton amant, selon moi, devrait craindre de nous perdre l'une et l'autre, si nous venions à découvrir qu'aucune des deux ne possédait son cœur entièrement. Je ne saurais te dire la peine que j'ai éprouvée en réfléchissant qu'après m'avoir vue en possession de son portrait, tu continuais à me le montrer de bonne foi, quoique tu ne pusses douter que tu n'étais plus l'unique objet de son amour. Je n'ai plus qu'une idée, celle de vous prouver à tous deux que M. M. est digne de votre tendresse, de votre amitié et de votre estime.

« Ma satisfaction était inconcevable quand je me représentais que nous allions tous trois devenir cent fois heureux; car avoir un secret pour un être qu'on chérit, c'est un tourment insupportable. Je t'ai cédé la place, et cela me paraissait un chef-d'œuvre. Tu as permis que je l'habillasse en nonne, et, avec une complaisance ne peut être comparée qu'à ton entière confiance en moi, tu es allée à son casino sans savoir où tu allais. Aussitôt que je fus descendue, la gondole revint, et je me rendis dans un endroit que mon ami connaît, et d'où, sans être vue, je pouvais suivre tous vos mouvements et entendre toutes vos paroles. J'étais l'auteur de la pièce; il était naturel que je fusse spectatrice, d'autant plus que je me croyais sûre de ne rien voir, de ne rien entendre qui ne me fût très agréable.

« Je suis arrivée au casino un quart d'heure après toi, et il me serait impossible de te rendre le charme de ma surprise en voyant ce cher Pierrot qui nous a tant amusées au parloir et que nous n'avons pas eu l'instinct de reconnaître. Mais à son apparition s'est borné tout le plaisir que j'ai eu. Ma crainte, mon étonnement, mes regrets ont commencé à l'instant même où j'ai vu l'effet que l'attente trompée avait produit sur lui, et je me suis sentie malheureuse. Notre amant a pris la chose de travers, il est parti désespéré; il m'aime encore, mais il ne pense plus à moi que pour tâcher de m'oublier; il n'y réussira que trop. Le renvoi de cette clef m'annonce déjà qu'il ne retournera plus au casino. Nuit fatale! Quand je n'avais que l'intention de faire trois heureux, comment ai-je pu faire tout le contraire? J'en mourrai, mon amie, si tu ne parviens pas à lui faire entendre raison, car je sens que sans lui je ne saurais plus vivre. Tu as certainement le moyen de lui écrire, tu le connais, tu sais son nom; de grâce, renvoie-lui cette clef avec une lettre qui le persuade de venir au casino demain ou après-demain pour me parler au moins une seule fois, et j'espère le convaincre de mon amour sincère et de mon innocent. Repose-toi aujourd'hui ma chère amie, mais écris-lui toute la vérité; aie pitié de la pauvre amie et pardonne-lui d'aimer ton amant. Je lui écrirai deux mots que tu mettras dans ta lettre. Je suis cause qu'il ne t'aime plus; tu devrais me haïr, et cependant tu m'aimes encore. Je t'adore. J'ai vu ses pleurs, j'ai vu combien son âme sait aimer actuellement. Je ne savais pas qu'il y eût des hommes qui aimassent ainsi. J'ai passé une nuit horrible. Ne me crois pas fâchée, ma tendre amie, que tu lui aies confié que nous nous aimions comme deux amants; cela ne me déplaît pas, et ce n'est point une indiscrétion vis-à-vis de lui, car il a l'esprit aussi libre qu'il a de cœur bon.

« Les larmes la suffoquaient; je tâchai de la consoler,

et c'est bien volontiers que je lui ai promis de l'écrire. Elle n'a pas fermé l'œil de la journée; mais moi, j'ai dormi quatre heures d'un profond sommeil.

Quand nous fûmes levées, nous trouvâmes le couvent rempli de mauvaises nouvelles qui nous intéressaient plus qu'on ne le croyait. On disait qu'avant le jour une barque de pêcheurs s'était perdue dans la lagune, que deux gondoles avaient été renversées et que ceux qui étaient dedans avaient péri. Figure-toi notre angoisse ! nous n'osions point faire de questions ; mais c'était l'heure où tu m'avais quittée, et nous faisions les plus sinistres rapprochements. Nous sommes remontées. M. M. s'était évanouie. Plus courageuse qu'elle, je lui disais que tu étais bon nageur; mais tout cela ne la rassurait pas, et elle s'est mise au lit avec le frisson de la fièvre. Nous étions dans cet état quand ma tante, qui est fort gaie, est entrée chez nous en riant pour nous conter que dans la tempête le bonhomme Pierrot qui nous avait tant fait rire avait manqué de se noyer.

« Quand ma tante a été sortie, nous nous sommes regardées quelques instants sans proférer un mot ; mais nous sentions que cette nouvelle venait de nous rendre à la vie. M. M. m'a demandé s'il était vrai que tu fusses le fils de M. de Bragadin. « — On peut, lui ai-je répondu, se figurer cela entre les choses possibles ; mais le nom qu'il porte n'indique pas que notre amant soit le bâtard de ce seigneur et moins encore son fils légitime, car M. de Bragadin n'a jamais été marié. — Je serais, dit-elle, bien fâchée qu'il fût son fils. — J'ai cru alors ne pouvoir me dispenser de lui dire ton vrai nom, la démarche que M. de Bragadin avait faite auprès de mon père pour m'obtenir pour ton épouse, et que la conséquence de cette démarche avait été de me faire mettre au couvent. Ainsi, mon bien-aimé, la petite femme n'a plus de secrets à garder vis-à-vis de M. M., et j'espère que tu ne m'accuseras pas d'indiscrétion ; car il vaut mieux que notre chère amie sache toute la vérité que de ne la savoir qu'à demi, mêlée de mensonges. Ce que nous avons trouvé de plaisant, comme tu peux le penser, c'est la certitude où l'on est que tu as passé la nuit où bal de Briati. Quand le monde ne sait pas tout, il invente, et le vraisemblable occupe souvent la place du vrai et parfois très à propos. Ce qu'il y a de vrai, c'est que cet éclaircissement a répandu du baume dans le sang de notre amie, qui se trouve tout à fait bien. Elle a passé une très bonne nuit, et l'espoir qu'elle a de te voir au casino lui a rendu toute sa beauté. Elle a ri toutes les trois ou quatre fois, et elle m'a couverte de baisers. Il me tarde de pouvoir lui remettre celle que tu vas lui écrire. La messagère attendra. Je te verrai peut-être encore au casino, et, j'en suis sûre, de meilleure humeur. Adieu. »

Il n'en fallait pas tant pour me réduire à la raison. A la fin de cette lecture, je me trouvai l'admirateur de C. C. et l'adorateur ardent de M. M. Mais, hélas ! j'étais perclus quoique sans fièvre. Certain que Laure reviendrait, le lendemain de bonne heure, je ne pus m'empêcher d'écrire à l'une et à l'autre ; peu à la vérité, mais assez pour les assurer que la raison était rentrée en possession de mon pauvre cerveau. Je dis à C. C. qu'elle avait bien fait de dire mon nom à son amie, d'autant mieux que, n'allant plus à leur messe, je n'avais aucun motif légitime de céler mon nom. Quant au reste, elle devait être certaine que je reconnaissais mes torts et que j'en donnerais les plus grandes preuves à M. M. aussitôt que je me reverrais en état d'aller au casino.

Le lendemain, Laure me trouva sur mon séant et promettant santé. Je la priai de dire de vive voix à C. C. que je me trouvais beaucoup mieux ; et, après lui avoir remis la lettre que j'avais écrite, elle partit en me remettant une lettre de ma petite femme dans laquelle j'en trouvai une de M. M. Ces deux lettres ne contenaient que des tendresses, l'expression de leur crainte sur ma santé et des vœux ardents pour mon rétablissement.

Six jours après, me trouvant bien, j'allai au casino de Muran, où la concierge me remit une lettre de M. M. Elle me disait qu'elle mourait d'impatience de me savoir rétabli et en possession de son casino avec tous les objets que je devais y conserver toujours. Marque-moi, je t'en supplie, me disait-elle, quand tu crois que nous nous reverrons, à Muran ou à Venise, à ta volonté. Compte, ajoutait-elle, que partout nous serons sans témoins. Je lui répondis de suite que nous nous reverrions le surlendemain au lieu même où j'étais, car c'était au même endroit où je l'avais offensée que je devais recevoir son amoureuse absolution.

Je brûlais de la revoir, car j'avais honte d'avoir pu être injuste à son égard, et il me tardait de réparer mes torts. Connaissant son caractère et réfléchissant dans le calme, il me paraissait évident que ce qu'elle avait fait, bien loin d'être un indice de mépris, était un effort raffiné d'un amour qui n'avait pour objet que moi-même. Depuis qu'elle avait découvert que j'étais l'amant de sa jeune amie, pouvait-elle se figurer que je l'aimais uniquement ? De même que l'amour qu'elle avait pour moi ne l'empêchait pas d'être complaisante pour l'ambassadeur, elle supposait que je pouvais l'être avec C. C. Elle ne pensait pas à la constitution différente des deux sexes et aux privilèges dont jouissent les femmes.

Aujourd'hui que les ans ont blanchi mes cheveux et amorti l'ardeur de mes sens, mon imagination plus calme me fait penser différemment ; et je sens bien que ma belle nonne péchait contre la pudeur et la modestie, qui sont les plus beaux apanages de la plus belle moitié du genre humain ; mais si cette femme, vraiment unique ou au moins rare, avait ce travers qu'alors je taxais de vertu, au moins était-elle exempte de ce venin affreux qu'on nomme jalousie : passion malheureuse qui dévore l'être infortuné qui en est atteint et qui dessèche l'objet qui la fait naître et sur lequel elle se déverse.

Deux jours après, le 4 février 1754, j'eus le bonheur de me trouver tête à tête avec mon ange. Elle était vêtue en religieuse. Comme nous nous croyions réciproquement coupables, dès que nous nous aperçûmes, par un mouvement spontané, nous tombâmes à genoux l'un aux pieds de l'autre, ou plutôt genoux contre genoux. Nous avions tous deux maltraité l'amour, elle en le traitant en enfant, moi en l'adorant en janséniste. Mais quel langage aurait pu convenir aux excuses que nous devions nous faire, aux pardons que nous devions obtenir ! Le baiser, ce langage muet et expressif, cet attouchement délicat et voluptueux qui fait circuler le sentiment dans toutes les veines, qui exprime tout à la fois ce que sent le cœur et ce qu'arrange l'esprit ; ce langage fut le seul que nous employâmes, et sans avoir articulé une syllabe, lecteur, ah ! que nous fûmes bientôt d'accord !

Au comble de l'attendrissement, impatients de nous donner des preuves de la sincérité de notre retour et du feu qui nous dévorait, nous nous levâmes sans nous dessaisir, et, tombant en groupe sur le sofa voisin, nous y restâmes jusqu'à l'arrivée d'un long soupir que nous n'aurions pas voulu arrêter quand nous aurions su qu'il dût être le dernier.

C'est ainsi que s'opéra l'heureuse réconciliation ; et la tranquillité que laisse à l'âme la satisfaisante persuasion, ayant pour ainsi dire doublé juger délicieux bonheur, nous partîmes ensemble d'un éclat de rire en nous apercevant que j'étais encore en manteau et en baüte. Après avoir bien ri, je me démasquai, et je lui demandai s'il était bien vrai que notre réconciliation n'eût pas eu de témoin.

Elle prit un flambeau, et, me prenant par la main : « Viens », me dit-elle. Elle me mena dans la chambre, où était une grande armoire dont j'avais déjà jugée dépositaire du grand secret. Elle l'ouvrit, et, après avoir poussé une planche à coulisse, je vis une porte par laquelle nous entrâmes dans un joli cabinet muni de tout ce qui pouvait être nécessaire à quelqu'un qui voulait y passer plusieurs heures. A côté du sofa, se trouvait une planche mouvante. M. M. la tira, et, par vingt trous à quelque distance les uns des autres, je vis toutes les parties de la chambre où le curieux ami de ma belle avait pu voir avec toute facilité des six actes de la pièce que la nature et l'amour avaient arrangée, et je pense qu'il n'avait pas dû être mécontent des acteurs. Actuellement, me dit M. M..., je vais satisfaire à la curiosité que tu as eu la prudence de ne pas confier au papier.

— Mais tu ne peux savoir...

— Tais-toi, mon cœur ; l'amour ne serait pas divin s'il n'était devin : il sait tout, et, pour preuve, n'est-il pas vrai que tu désires savoir si mon ami a été là pendant la fatale nuit qui m'a coûté tant de larmes ?

— Précisément.

— Eh bien ! oui, il y était, et tu ne dois pas en être fâché, car tu as achevé de l'enchanter. Il a admiré ton caractère, ton amour, tes sentiments et ta probité : il ne pouvait se taire sur l'étonnement que lui occasionna la rectitude de mon instinct, ni assez approuver la passion que tu m'as inspirée. C'est lui qui me consola le matin en m'assurant qu'il était impossible que tu ne revinsses pas à moi dès que je t'aurais fait connaître mes sentiments, la loyauté de mon intention et ma bonne foi.

— Mais vous devez vous être souvent endormis ; car, sans un vif intérêt, il n'est pas possible de passer huit heures dans l'obscurité et le silence.

— Nous étions mus par l'intérêt le plus vif ; d'ailleurs nous n'étions dans l'obscurité que lorsque nous tenions ces trous ouverts. Pendant que nous soupions la planche était relevée, et nous écoutions dans le plus grand silence jusqu'à vos moindres propos. L'intérêt qui venait mon ami éveillé surpassait, s'il est possible, celui que vous m'inspiriez. Il me dit qu'il n'avait jamais été plus à portée d'étudier le cœur humain que dans cette occasion, et que tu ne dois jamais avoir passé une nuit aussi pénible. Tu lui faisais pitié. Nous fûmes enchantés de C. C. ; car il est inconceivable qu'une jeune personne de quinze ans raisonne comme elle l'a fait pour te justifier, sans autres moyens que la nature et la vérité, à moins d'avoir l'âme d'un ange. Si tu l'épouses, tu auras une femme divine. Je serai malheureuse en la perdant, mais ton bonheur me dédommagera de tout. Sais-tu, mon ami, que je ne comprends pas plus comment elle a pu s'amouracher de moi après l'avoir connue, que je ne conçois comment elle ne me déteste pas depuis qu'elle sait que je lui ai ravi ton cœur ? Ma chère C. C. a véritablement quelque chose de sublime dans le sentiment. Et sais-tu pourquoi elle a consenti à nos amours stériles avec moi ? C'est, m'a-t-elle dit, pour décharger sa conscience de l'espèce d'infidélité qu'elle te fait.

— Croit-elle me devoir toute sa fidélité en me sachant si peu fidèle ?
— Elle est extrêmement délicate et consciencieuse ; et, se croyant parfaitement ta femme, elle ne se croit pas en droit de contrôler tes actions, tandis qu'elle est persuadée qu'elle te doit compte de toutes les siennes.
— Noble fille !
La prudente concierge ayant servi le souper, et, nous étant mis à table, M. M. observa que j'avais maigri.
— Les souffrances physiques n'engraissent pas, lui dis-je, et les peines morales dessèchent. Mais nous avons assez souffert l'un et l'autre, et nous devons être assez sages pour ne rien rappeler de ce qui peut nous être pénible.
— Oui, mon ami ; je pense comme toi ; les instants que l'homme est forcé de céder au malheur ou à la souffrance sont autant de déductions faites à la vie, mais on double l'existence quand on a le talent de multiplier le plaisir de quelque nature qu'il soit.
Nous nous égayâmes à nous rappeler les dangers passés, la mascarade de Pierrot, le bal de Briati, où on lui avait assuré qu'il y avait un autre Pierrot.
M. M. admirait le prodigieux effet du déguisement, car, me disait-elle :
— Le Pierrot du parloir me paraissait plus grand et plus mince que toi. Si le hasard ne t'avait pas fait prendre la gondole du couvent, et que tu n'eusses pas eu la bizarre idée de te déguiser en Pierrot, je n'aurais pu savoir qui tu étais, car mes compagnes ne se seraient pas intéressées à ton sort. J'ai été ravie d'aise en apprenant que tu n'es pas patricien, comme je le craignais ; car, si tu l'étais, il pourrait à la longue m'arriver quelque mésaventure désespérante.
Je savais fort bien ce qu'elle devait craindre ; mais, faisant l'ignorant :
— Je ne conçois pas, lui dis-je, ce que tu pourrais craindre si j'étais patricien.
— Mon cher ami, je ne puis te parler ouvertement qu'autant que tu me donneras la parole de ce que je te demanderai.
— Quelle difficulté, ma chère, puis-je avoir à te faire tel plaisir que tu pourras désirer, pourvu qu'il ne compromette pas mon honneur ? Et tout maintenant n'est-il pas commun entre nous ? Parle, mon cœur, dis-moi les raisons et compte sur ma tendresse ; elle te donnera de ma complaisance pour tout ce qui pourra te faire plaisir.
— Fort bien. Je te demande de souper dans tout casino avec mon ami qui meurt d'envie de faire ta connaissance.
— Et, après souper, je prévois que tu en iras avec lui ?
— Tu sens bien que le masque des convenances l'exige.
— Et ton ami, sans doute, sait déjà qui je suis ?
— J'ai cru devoir le lui dire, car, sans cela, il n'aurait pas osé se promettre le plaisir de souper avec toi et surtout chez toi.
— J'y suis, et je devine que ton ami est un ministre étranger.
— Précisément.
— Mais il peut espérer sans doute qu'il me fera l'honneur de ne point garder son incognito ?
— Cela va sans dire ; je te le présenterai dans toutes les formes en déclinant son vrai nom et ses qualités politiques.
— C'est à merveille, mon cœur, et, avec ces dispositions pouvais-tu supposer difficile à t'accorder ce plaisir, quand tu ne saurais toi-même m'en faire un plus grand ? Fixe le jour, et compte que je t'attendrai avec impatience.
— J'aurais été certaine de la complaisance si tu ne m'avais accoutumée à douter.
— Je mérite cette pointe.
— Mais j'espère que tu ne feras qu'en rire. Maintenant, je suis contente. Notre ami est M. de Bernis, ambassadeur de France. Il viendra masqué, et dès qu'il aura levé son masque, je le présenterai. Songe que tu ne dois pas ignorer qu'il est mon amant, mais tu dois croire qu'il n'est pas à part de notre tendresse.
— Ainsi le vent le masque des convenances, tu le seras, je l'espère, contente de mon urbanité. Ce souper me charme et me ravit, et j'espère qu'il me ravira en réalité. Tu avais bien raison, ma chère amie, de redouter que je fusse patricien ; car, dans ce cas, messieurs les inquisiteurs d'État, qui, trop souvent, ne cherche qu'à faire parade de leur zèle, n'auraient pas manqué de s'en mêler, et je tremble à l'idée des affreuses conséquences que cela aurait pu avoir. Moi sous les Plombs, toi déshonorée, l'abbesse, le couvent : juste ciel ! Oui, si tu m'avais communiqué tes idées, je t'aurais dit ce que j'étais ; et puis je t'aurais pu d'autant mieux que ma réserve ne venait que de la crainte que j'avais d'être connu et qu'alors le père de C. C. ne la mit dans un autre couvent. Mais peux-tu me dire quel jour le souper aura lieu ? J'ai une véritable impatience de le savoir.
— C'est aujourd'hui le 4, eh bien ! dans quatre jours.
— Ce sera donc le 8 ?
— Précisément. Nous nous rendrons chez toi après le second ballet de l'Opéra. Donne-moi les renseignements les plus exacts pour que nous puissions trouver ton casino sans interroger personne.

Je me mis à son bureau et je lui donnai tous les renseignements nécessaires pour aller par terre ou par eau.
Heureux de cette charmante partie, je priai mon amante d'aller se coucher ; mais je lui fis observer qu'étant convalescent et ayant soupé de bon appétit, il serait possible que j'offrisse mes premiers hommages à Morphée. S'arrangeant à la circonstance, elle mit le réveillon à dix heures et nous nous couchâmes dans l'alcôve. Dès que nous fûmes éveillés, l'Amour réclama sa part, et il n'eut pas à se plaindre ; mais vers le minuit nous nous endormîmes sur le fait, bouche à bouche, et nous nous retrouvâmes dans la même position, le matin, au moment de nous séparer. Cependant, quoique le temps pressât, nous ne pûmes nous résoudre à nous dire adieu sans faire encore une libation à Vénus.
Je restai au casino après le départ de ma belle nonne, et je dormis jusqu'à midi. Dès que je fus habillé je retournai à Venise, et mon premier soin fut d'aller prévenir mon cuisinier pour que le souper du 8 fût digne des convives et de moi.

XII

Je soupe en tiers avec M. de Bernis, ambassadeur de France, à mon casino. — Proposition de M. M.; je l'accepte. — Suites. — C. C. me devient infidèle sans que je puisse m'en plaindre.

A partie que j'avais arrangée avec ma chère M. M. me comblait de joie, et il me semble que j'aurais dû être heureux. Je ne l'étais pas cependant ; mais d'où venait l'inquiétude dont j'étais tourmenté ? D'où venait-elle ? de ma fatale habitude de jouer. Cette passion était enracinée en moi : vivre et jouer étaient deux choses identiques ; or, ne pouvant point initier, j'allais ponter à la redoute, et j'y perdais matin et soir, cela me rendait malheureux. On me demandera sans doute :
— Pourquoi jouiez-vous, n'ayant pas besoin, puisque vous ne manquiez de rien et que vous aviez tout l'argent que vous pouviez désirer pour satisfaire vos fantaisies ?
Cette question serait embarrassante si je ne m'étais fait une loi de dire vrai. Eh bien ! messieurs les curieux, si je jouais avec la presque certitude de perdre, quoique personne peut-être n'ait été plus que moi sensible aux pertes faites au jeu, c'est que j'avais en moi le démon de l'avarice ; c'est que j'aimais la dépense, la prodigalité même, et que le cœur me saignait quand j'étais obligé de dépenser d'autre argent que celui que j'avais gagné au jeu. C'est là un vilain défaut, lecteur, et je ne m'en défends pas. Quoi qu'il en soit, pendant les quatre jours d'attente, je perdis tout l'or que M. M. m'avait fait gagner.
Au jour ardemment attendu, je me rendis à mon casino, où, à l'heure convenue, je vis paraître M. M. et son ami. Elle me présenta dans toutes les formes aussitôt qu'il eût ôté son masque.
— Il me tardait, monsieur, me dit l'ambassadeur, de renouer connaissance avec vous depuis que madame m'a dit que nous nous étions connus à Paris.
Tout en parlant ainsi, il me regardait avec attention comme pour se rappeler quelqu'un qu'il a perdu de vue. Afin de le mettre à son aise, je lui dis que nous ne nous étions point parlé, qu'ainsi il ne m'avait pas assez regardé pour pouvoir se rappeler mes traits.
— J'ai eu, lui dis-je, l'honneur de dîner avec Votre Excellence chez M. de Mocenigo ; mais vous fûtes constamment occupé de milord Marschal, ministre du roi de Prusse, et je n'eus pas l'avantage d'attirer un instant votre attention. Comme vous deviez partir pour venir ici quatre jours après, vous fîtes hâte, et presque immédiatement après le dîner vous prîtes congé. Je n'ai plus eu l'honneur de vous voir depuis.
— Je vous remets actuellement, me dit-il, car je me souviens d'avoir demandé à quelqu'un si vous n'étiez pas le secrétaire d'ambassade. A compter de ce jour, nous ne nous oublierons plus ; car les mystères qui nous unissent sont de nature à établir entre nous une intimité durable.
Le rare couple ne tarda pas à se mettre à l'aise ; et bientôt nous nous mîmes à table, dont, comme de raison, je fis les honneurs. Le ministre, fort gourmet, trouvant mes vins excellents, fut charmé d'apprendre que je les tenais du comte d'Algarotti, qui était réputé pour avoir les meilleurs.
Mon souper fut délicat, abondant et varié, et ma conduite à l'égard du beau couple fut celle d'un particulier qui recevait à souper son souverain et sa maîtresse. Je voyais M. M. enchantée de mes procédés respectueux envers elle, et de tous les propos par lesquels je sus engager l'ambassadeur à m'écouter avec le plus grand intérêt. Le sérieux d'une première rencontre n'empêcha point la fine plaisanterie, car M. de Bernis, sous ce rapport, était Fran-

çais dans toute la force du terme. J'ai beaucoup voyagé, beaucoup étudié les hommes individuellement et en masse, mais je n'ai trouvé la vraie sociabilité que chez les Français; car eux savent plaisanter, et la plaisanterie fine et délicate, en animant la conversation, fait le charme de la société.

Tout pendant ce joli souper fut accompagné du mot pour rire, et l'aimable M. M. fit tomber adroitement la conversation sur la combinaison romanesque qui lui avait fait faire ma connaissance. Cela menait naturellement à parler de ma passion pour C. C., et elle fit de cette charmante personne une description si intéressante que l'ambassadeur l'écouta avec toute l'attention d'un homme qui ne l'aurait jamais vue. C'était là son rôle, mais il ignorait que je susse qu'il était dans la cachette le soir de ma sotte entrevue avec elle. Il lui dit qu'elle lui aurait fait le plus grand des plaisirs si elle l'avait amenée à souper avec nous. J'aurais dû, lui répondit la fine nonne, braver toute sorte de risques; mais, ajouta-t-elle en s'adressant à moi d'un air aussi noble que complaisant, si cela vous faisait plaisir, je pourrais vous faire souper chez moi avec elle, et nous couchons dans la même chambre.

Cette offre m'étonna beaucoup; mais ce n'était pas l'instant de montrer ma surprise. — On ne peut, madame, lui répliquai-je, rien ajouter au plaisir qu'on a de se trouver avec vous; cependant j'avoue que je ne serais pas insensible à cette faveur.

— Eh bien ! j'y penserai.

— Mais, dit alors l'ambassadeur, je crois que si je dois être de la partie, il serait bon que vous l'en prévinssiez.

— Ce n'est pas nécessaire, lui dis-je, car je lui écrirai de faire aveuglément tout ce que lui dira madame. Je m'acquitterai de ce devoir dès demain.

Je priai l'ambassadeur de se disposer à beaucoup d'indulgence pour une fille de quinze ans qui n'avait pas l'usage du monde.

Il me fut facile de voir à n'en pas douter que l'ambassadeur était amoureux de C. C., et qu'il s'en était expliqué avec M. M. Or, celle-ci n'était pas en mesure de contrecarrer son amour, et sans doute qu'en bon apôtre elle avait dû se prêter à tout ce qui pouvait favoriser sa passion. Il est évident qu'elle ne pouvait rien faire sans mon consentement, et qu'elle avait jugé l'affaire trop délicate pour oser de but en blanc me proposer la partie. Ils s'étaient donc concertés de façon qu'en amenant le propos sur le point je devais moi-même, par politesse, peut-être même par mes sentiments, approuver la chose et donner dans le panneau. L'ambassadeur, dont le mérite était de bien mener une intrigue, avait parfaitement réussi, et j'avais à souhait mordu à l'hameçon. Il ne me restait qu'à faire bonne mine à mauvais jeu, tant pour ne pas faire la plus sotte figure du monde que pour ne pas me montrer ingrat envers un homme qui m'avait accordé des privilèges inouïs. Cependant la conséquence de toute cette intrigue pouvait être un refroidissement envers l'une comme envers l'autre de mes deux amantes. M. M. avait parfaitement senti tout cela en rentrant chez elle, et, voulant se mettre à couvert et remédier à tout de son mieux, elle s'était dépêchée de m'écrire qu'elle ferait volontiers avorter le projet, en se compromettre, dans le cas où je ne l'aurais pas approuvé; mais elle savait que je l'accepterais point son offre. L'amour-propre est une passion plus forte encore que la jalousie. Elle ne permet pas à un homme qui veut passer pour avoir de l'esprit de se montrer jaloux, surtout vis-à-vis de quelqu'un qui brille par l'absence de cette basse passion.

Le lendemain, étant allé au casino d'assez bonne heure, j'y trouvai l'ambassadeur, qui me fit l'accueil le plus amical. Il me dit que, s'il m'avait connu à Paris, il m'aurait facilement introduit à la cour, où, selon lui, j'aurais fait fortune.

Je lui demandai s'il se plaisait à Venise, et il me répondit qu'il ne pouvait que s'y plaire, puisqu'il y jouissait d'une excellente santé et que, moyennant beaucoup d'argent, il pouvait, mieux que partout ailleurs, se procurer tous les agréments de la vie. Mais, ajouta-t-il, je doute qu'on me laisse longtemps dans cette ambassade. Veuillez me garder le secret, car je ne voudrais pas affliger M. M.

Nous continuions à causer avec une sorte de confiance, quand nous vîmes entrer M. M. et sa jeune amie. Celle-ci fit un mouvement de surprise en me voyant avec un autre homme; mais je l'encourageai en lui faisant le plus tendre accueil, et elle se remit toute à fait en voyant que l'inconnu était enchanté de l'entendre répondre en bon français au compliment qu'il lui avait adressé. Ce fut pour tous deux l'occasion de faire un pompeux éloge du savoir et de l'habileté de la maîtresse qui lui avait si bien enseigné cette langue.

C. C. était ravissante; son regard à la fois vif et modeste semblait me dire : Tu dois m'appartenir. A cela se joignait le désir de la voir briller; et ce double sentiment m'aida à chasser une lâche jalousie que, malgré moi, je commençais à éprouver. Ainsi, ayant soin de la faire raisonner sur les matières que je lui connaissais familières, je la mis à même de développer son esprit naturel, et j'eus la satisfaction de la voir briller.

Applaudie, flattée, animée par l'air de satisfaction qu'elle découvrait dans mes regards, C. C. parut un prodige à M. de Bernis; et, contradiction du cœur humain! j'en jouissais, et pourtant je tremblais qu'il n'en devînt amoureux. Quelle énigme! je travaillais moi-même à un ouvrage qui m'aurait fait devenir le meurtrier de quiconque aurait osé l'entreprendre.

Pendant le souper, qui fut digne d'un roi, l'ambassadeur eut pour C. C. toutes les attentions possibles. L'esprit, la décence et le bon ton présidèrent à notre jolie partie, et n'en exclurent pas les propos amusants que l'esprit français sait faire entrer dans tous les discours.

Un observateur critique qui, sans nous connaître, aurait voulu deviner l'amour était de la partie, l'aurait peut-être soupçonné; mais il n'aurait jamais pu l'affirmer. M. M. n'eut pour l'ambassadeur que le ton et les manières d'une amie; elle ne me montra qu'une estime parfaite, et témoigna à C. C. la tendresse d'une sœur, quant à M. de Bernis. Il fut aimable, poli et bienveillant envers M. M.; mais il ne discontinua point de montrer le plus grand intérêt à tous les propos de C. C.; leur donnant tout le relief dont ils étaient susceptibles, et renvoyant tout de mon côté avec l'air de la plus parfaite intelligence. Pour ce qui est de ma jeune amie, ce fut elle qui joua le mieux son rôle: il puisait dans la nature; la nature était belle, C. C. ne pouvait manquer d'être ravissante.

Nous avions passé cinq heures délicieuses, mais celui de nous qui paraissait le plus satisfait était l'ambassadeur. M. M. avait l'air d'une personne contente de son ouvrage et moi il se figurait l'approbateur. C. C. paraissait toute joyeuse de nous avoir plu tous, et on aurait pu soupçonner un peu de vanité de ce que l'ambassadeur s'était spécialement occupé que d'elle. Elle me regardait en souriant, et j'entendais parfaitement le langage de son âme: elle voulait me dire qu'elle sentait parfaitement toute la différence qu'il y avait entre cette société et celle où son frère nous avait donné un si dégoûtant échantillon de sa brutalité.

Après minuit, il fut question de nous séparer; et ce fut à M. de Bernis à faire les frais des compliments. Remerciant M. M. de lui avoir donné le plus agréable souper qu'il eut fait de sa vie, il l'obligea à lui en offrir un pareil pour le surlendemain: me demandant, par manière d'acquit, si je n'y trouverais pas un plaisir égal au sien. Pouvait-il douter de mon acquiescement? je ne le crois pas, et d'autant plus que je m'étais obligé à être complaisant. Parfaitement d'accord, nous nous séparâmes.

Le lendemain, en réfléchissant à ce souper exemplaire, je n'eus pas de peine à prévoir où la chose devait aboutir. L'ambassadeur ne devait sa fortune qu'au beau sexe, parce qu'il possédait au suprême degré l'art de dorloter l'amour; et, comme il était naturellement très voluptueux, il y trouvait son compte; car il faisait naître le désir, et cela lui donnait des jouissances dignes de sa délicatesse. Je le voyais éperdument amoureux de C. C., et j'étais loin de le croire homme à se contenter de la contemplation de ses beaux yeux. Il a certainement un plan de formé, et M. M., malgré toute sa loyauté, doit en être la conductrice; et elle s'y prendra si adroitement et si délicatement que l'évidence devra m'échapper. Quoique je ne me sentisse pas disposé à pousser la complaisance plus loin que la juste mesure, je prévoyais que je finirais par être dupe et que ma pauvre C. C. serait la victime d'un tour de passe-passe. Je ne savais me décider ni à y consentir de bonne grâce, ni à y mettre des obstacles, et, croyant ma petite femme incapable de se laisser aller à quelque écart qui eût pu me déplaire, j'aimais à m'enorgueillir, confiant dans la difficulté qu'on aurait à la séduire. Sot calcul! l'amour-propre et une fausse honte m'empêchaient de faire usage de mon bon sens. Enfin cette intrigue me donnait une sorte de fièvre, car j'en redoutais les suites; et pourtant la curiosité me stimulait au point que j'en hâtais le terme. Je savais que pendant du premier souper ne voilait pas que la même pièce y serait jouée de nouveau; car je prévoyais que les variantes seraient très marquées.

Enfin, je croyais mon honneur engagé à ne point changer de conduite; mais, comme je pouvais donner le ton, je me permettais de finesse pour les déjouer.

Après toutes ces réflexions, qui me donnaient une sorte d'assurance de faire brave, l'inexpérience de C. C., malgré toutes les connaissances qu'elle avait acquises, était cependant son inexpérience, me dis-je, me faisait trembler. On pouvait abuser du besoin qu'elle avait d'être polie; mais cette crainte était bientôt détruite par la confiance que m'inspirait la délicatesse de M. M. Je pensais qu'après avoir vu comment j'avais passé six heures avec cette jeune fille, ayant la même confidente, dans l'intention d'en épouser, je ne pouvais pas la supposer capable d'une aussi basse trahison. Toutes ces réflexions, qui n'étaient que d'un jaloux faible et honteux, ne concluaient rien. Je devais me laisser aller et voir.

A l'heure du rendez-vous, j'arrive au casino, et je trouve mes belles amies auprès du feu. Bonsoir, mes deux divinités; où est notre aimable Français?

— Il n'est pas encore venu, me dit M. M.; mais il viendra sans doute.

Je me démasque, et, m'asseyant entre elles, je leur donne mille baisers, observant de ne marquer aucune préférence; et, quoique je susse qu'elles savaient que j'avais un endroit

L'AMOUR A VENISE

à la cérémonie de Bucentaure, qui, le temps étant favorable, devait partir ce jour-là. Je ne sais ce que je lui répondis, mais je sais qu'elle trouva du désordre dans mes propos. J'en vins enfin au point important, et je lui dis que je venais lui demander un service dont dépendait la paix de mon âme, mais qu'elle devait me l'accorder aveuglément et sans me faire aucune question.

— Ordonne, mon cœur, me dit-elle, et sois sûr que je ne te refuserai rien de tout ce qui pourra dépendre de moi.

— Je viendrai ce soir à une heure de la nuit; je te ferai appeler à cette grille : viens-y. Je serai avec un autre homme auquel je te prie d'adresser quelques mots de politesse, ensuite tu nous quitteras. Cherchons actuellement un prétexte pour justifier l'heure indue.

— Je te satisferai, mais tu ne saurais te figurer combien cela est embarrassant dans ce couvent, car à vingt-quatre heures les parloirs sont fermés, et les clefs sont chez l'abbesse. Cependant, dès qu'il ne s'agit que de cinq minutes, je dirai à l'abbesse que j'attends une lettre de mon frère et qu'on ne peut me la remettre que ce soir. Tu me remettras donc une lettre pour que la religieuse qui sera avec moi puisse affirmer que je n'en ai pas imposé.

— Tu ne viendras pas seule ?

— Non, je n'oserais pas même le demander.

— Fort bien; mais tâche de venir avec quelque vieille à vue basse.

— Je laisserai le flambeau en arrière.

— Non, mon ange, je t'en supplie; il faut au contraire que tu te places de manière à être parfaitement vue.

— C'est singulier ! Mais je t'ai promis une obéissance passive, et je descendrai avec deux flambeaux. Puis-je espérer que tu m'expliqueras cette énigme à notre première entrevue ?

— Au plus tard demain, tu sauras tout dans le plus grand détail.

— La curiosité m'empêchera de dormir.

— Non, mon cœur, dors paisiblement et compte sur ma reconnaissance.

Le lecteur croira qu'après ce colloque mon cœur se trouva dans un calme parfait, mais il en était loin ! Je retournai à Venise tourmenté de l'appréhension que Murray ne vînt me dire le soir, à la porte de la cathédrale où je devais l'attendre, que son mercure était allé l'avertir que la religieuse avait dû différer. Si cela était arrivé, je n'aurais précisément pas soupçonné M. M., mais le résident aurait pu croire que j'étais cause que l'affaire avait manqué. Il est certain qu'alors je n'aurais pas conduit mon homme au parloir et que j'y serais allé fort tristement tout seul.

Je passais dans les tourments toute cette journée, qui me parut d'une longueur démesurée, et le soir, ayant mis une lettre dans ma poche, j'allai, à l'heure concertée, me placer au poste d'attente.

Murray, fort heureusement, fût exact.

— La religieuse est-elle là ? lui dis-je dès que je le vis près de moi.

— Oui, mon ami. Allons, si vous voulez, au parloir, mais vous verrez qu'on vous dira qu'elle est malade ou occupée. Décidons-nous, si vous voulez, de la gageure.

— Que Dieu m'en préserve, mon cher ami ! Je tiens beaucoup à ces cent ducats. Allons.

Nous nous présentons au tour, je fais demander M. M., et la tourrière me rend la vie en me disant que j'étais attendu. J'entre au parloir avec mon cher Anglais, et je le vois éclairé par quatre flambeaux. Je ne puis me rappeler ces moments sans chérir la vie ! Je ne reconnus pas seulement à cela l'innocence de ma noble et généreuse amante, mais j'y vis avec admiration la pénétration de son esprit. Murray, sérieux, ne riait pas. M. M., brillante de grâce et de beauté, entre avec une sœur tourière, tenant toutes deux un martinet à la main. Elle me fait en très bon français un compliment très flatteur; je lui remets la lettre, elle en regarde l'adresse et le cachet, et elle la met dans sa poche. Après m'avoir remercié, elle me dit qu'elle allait y répondre de suite, et, se tournant vers mon compagnon :

— Je suis peut-être cause, monsieur, que vous avez perdu le premier acte de l'opéra, lui dit-elle.

— L'honneur de vous voir un instant, madame, vaut tous les opéras du monde.

— Il me semble que monsieur est Anglais ?

— Oui, madame.

— La nation anglaise est aujourd'hui la première du monde, car elle est libre et puissante. Messieurs, je suis votre très humble servante.

Je n'avais jamais vu M. M. si belle que dans ce moment-là, et je sortis du parloir brûlant d'amour et dans une joie dont l'espèce m'était encore inconnue. Je m'acheminai à grands pas vers mon casino sans prendre garde au résident, qui n'était pas pressé de me suivre; je l'attendis à ma porte.

— Eh bien, lui dis-je, êtes-vous maintenant convaincu que vous avez été trompé ?

— Taisez-vous; nous aurons assez le temps d'en parler. Montons.

— Que je monte ?

— Je vous en prie. Que voulez-vous que je fasse quatre heures seul avec la créature qui m'attend là-haut ! Nous nous en amuserons.

— Mettons-la plutôt à la porte.

— Non, car son meneur doit venir la prendre à deux heures après minuit. Elle irait l'avertir, et il échapperait à ma juste vengeance. Nous les jetterons tous les deux par la fenêtre.

— Modérez-vous, car l'honneur de M. M. veut que cette affaire ne soit pas connue. Allons, montons, nous irons. Je suis curieux de voir la larronne.

Murray entra le premier. Dès que la fille me voit, elle met un mouchoir sur sa figure, et dit au résident que son procédé était indigne. Murray ne lui répond pas. Elle était debout, moins grande que M. M. et elle s'était exprimée en mauvais français. Son manteau et son masque étaient sur le lit; mais elle était également vêtue en religieuse.

Comme il me tardait de voir sa figure, je la priai avec douceur de me faire ce plaisir.

— Je ne vous connais pas, me dit-elle : qui êtes-vous ?

— Vous êtes chez moi, et vous ne savez pas qui je suis ?

— Je suis chez vous parce qu'on m'a trahie. Je ne croyais pas avoir affaire à un coquin.

A ce mot, Murray lui imposa silence en l'appelant par le nom de son honorable métier, et la drôlesse se leva pour prendre son manteau en disant qu'elle voulait s'en aller. Murray la repoussa en lui disant qu'elle devait attendre son indigne conducteur, et la prévint de ne pas faire de bruit si elle avait envie de ne pas aller en prison.

— Moi, en prison.

En disant ces mots, elle porte sa main à l'ouverture de sa robe; mais je m'empresse de la lui saisir, et Murray s'empare de l'autre. Nous la poussons sur un siège, et nous nous emparons des pistolets qu'elle avait dans ses poches.

Murray lui déchire le devant de la sainte robe de laine, et j'en retire un stylet de huit pouces. La fausse nonne pleurait amèrement.

— Veux-tu, lui dit le résident, te taire et te tenir tranquille jusqu'à l'arrivée de Capsucefalo, ou aller de suite en prison ?

— Et quand il sera venu ?

— Je te promets de te laisser aller.

— Avec lui ?

— Peut-être.

— Eh bien, je resterai tranquille.

— As-tu encore des armes ?

A ces mots, la drôlesse ôta sa robe, sa jupe, et, si nous l'avions laissée faire, elle se serait mise en état de nature, dans l'espoir sans doute d'obtenir de la brutalité ce qu'elle ne pouvait obtenir par autre raison.

J'étais dans un grand étonnement de ne lui trouver qu'un faux air de la M. M. Je le comprenais d'autant mieux; mais, me raisonnant en homme d'esprit, il me fut convenu aussi que, prévenu comme il l'était plus qu'un autre, la place aurait pu donner dans le panneau. En effet, envie d'avoir en sa possession une religieuse, qui par état ou par vœu volontaire ou forcé a fait abnégation des plaisirs de ce monde, et surtout de la cohabitation avec le sexe différent du sien, ce fruit défendu est la pomme d'Eve et l'on attrait qui s'augmente encore de toute la somme de la difficulté que la funeste grille présente.

Lecteur, au chapitre suivant, vous verrez la fin de cette burlesque aventure : prenons haleine tous deux.

XV

L'affaire de la fausse nonne se termine d'une manière plaisante. — M. M. sait que j'ai une maîtresse. — Elle est vengée de l'indigne Capsucefalo. — Je me ruine au jeu : excité par M. M., je vends peu à peu tous ses diamants pour tenter la fortune qui s'obstine à m'être contraire. — Je cède Tonine à Murray, qui lui assure un sort. — Barberine, sa sœur, la remplace.

COMMENT fîtes-vous cette belle connaissance ? dis-je au résident.

— Il y a six mois, me répondit-il, que, me trouvant à la porte du couvent avec M. Smith, notre consul, avec lequel j'avais été voir je ne sais plus quelle fonction, je lui dis, en parlant d'une douzaine de nonnes que nous avions passées en revue : « Je donnerais bien cinq cents sequins pour passer quelques heures avec la mère M. M. »

le comte Capsucefalo m'entendit, mais ne dit rien. M. Smith me dit qu'on ne pouvait ne voir qu'à la grille, comme l'ambassadeur de France, qui lui faisait souvent des visites. Capsucefalo vint le lendemain me dire que, si j'avais parlé tout de bon, il était sûr de me faire passer une nuit avec la religieuse dans tel endroit qu'il me plairait pourvu qu'elle pût compter sur le secret.

— Je viens, me dit-il, de lui parler, et, quand je lui ai nommé votre personne, elle m'a répondu qu'elle vous avait remarqué avec M. Smith, et qu'elle souperait bien volontiers avec vous plus par inclination que pour les cinq cents sequins. Je suis, ajouta le drôle, le seul à qui elle se fie, et je la conduirai à Venise au casino de l'ambassadeur de France, chaque fois qu'elle veut y aller. Vous ne pouvez pas craindre d'être trompé, car ce sera à elle-même que vous remettrez la somme lorsque vous l'aurez eue en votre possession.

En disant cela, il tira le portrait de sa poche et me le montra. Le voici. Je le lui achetai à lui-même deux jours après avoir cru m'être trouvé toute une nuit avec cette femme charmante, et quinze jours après notre entretien. Cette fille que voilà vint en masque, vêtue en religieuse, et j'eus la sottise de me croire en possession d'un trésor.

Je m'en veux de n'avoir pas au moins soupçonné la tromperie en voyant sa chevelure, car je savais que les religieuses doivent avoir les cheveux coupés. Mais quand j'en fis l'observation à cette drôlesse, elle me dit qu'elles étaient maîtresses de les conserver sous le bonnet, et j'eus la faiblesse de la croire.

Je savais que, sous ce rapport, Murray n'avait pas été trompé, mais je ne me croyais pas obligé d'en faire en ce moment-là l'observation à mon Anglais.

Je tenais à la main le portrait que Murray m'avait remis, je le considérais alternativement avec le portrait que j'avais sous les yeux. Ce portrait était à gorge découverte; et, comme je fis à haute voix la remarque que les peintres faisaient cette partie comme ils l'entendaient, l'effrontée saisit ce moment pour me faire voir que la copie était fidèle. Je lui tournai le dos avec une expression de mépris qui aurait dû la mortifier beaucoup si ces sortes d'êtres pouvaient être susceptibles d'un sentiment de pudeur. Je ne pus, pendant mes observations de cette nature, m'empêcher de rire de l'axiome *Quæ sunt æqualia uni tertio sunt æqualia inter se* (1); car le portrait ressemblait à M. M. comme à l'indigne courtisane qui empruntait son nom, et pourtant ces deux femmes ne se ressemblaient pas entre elles. Murray, à qui j'en fis l'observation, en convint et nous passâmes une heure à philosopher sur la matière. Comme le substitut de M. M. s'appelait Innocente, nous éprouvâmes le désir de savoir combien son nom était d'accord avec sa profession, et nous lui demandâmes comment la fourbe s'y était prise pour l'induire à consentir à jouer le rôle qu'elle avait adopté, et voici ce qu'elle nous raconta:

« Il y a deux ans que je connais le comte de Capsucefalo, et sa connaissance m'a été utile; car, s'il ne m'a point donné de l'argent, il m'en a gagné beaucoup des personnes qu'il m'a fait connaître. Vers la fin de l'automne dernier, il vint un jour me dire que, si j'étais capable de contrefaire la religieuse avec les habits qu'il me procurerait, et de passer comme telle, la nuit, avec vous, je gagnerais cinq cents sequins. — Tu n'as, me dit-il, rien à craindre, car je te conduirai moi-même au casino, où la dupe t'attendra, et j'irai te reprendre à la fin de la nuit pour te reconduire à ton prétendu couvent.

« Il me fit la leçon sur la manière dont je devais me comporter, et me dicta ce que je devais répondre au cas que mon amoureux me fît des questions sur le régime du couvent.

« Messieurs, cette intrigue me plut, elle me mit en gaîté, et je lui répondis que j'étais prête. D'ailleurs, ayez la bonté de considérer qu'il n'y a point de femme de mon métier qui résiste à l'attrait de gagner cinq cents sequins. Trouvant la chose et plaisante et lucrative, je le sollicitai, lui promettant de jouer mon rôle dans toutes les perfections. La chose fut faite, et il me suffit que l'Anglais ne pourrait me parler que de mon couvent, et, par manière d'acquit, des amants que je pouvais avoir; que sous ce dernier point, je devais couper court, répondre en riant que je ne savais pas de quoi il me parlait, lui dire même que je n'étais religieuse que de masque; et que, badinant avec esprit, je pouvais lui faire voir mes cheveux.

« — Cela, me dit Capsucefalo, n'empêchera pas qu'il te croie religieuse, et même la religieuse qu'il aime, car il sera persuadé que tu ne saurais être une autre: Comprenant tout l'esprit de cette fine plaisanterie, je ne me souciai pas un moment de savoir le nom de la religieuse que je devais représenter ni le nom du couvent dont je devais faire partie. La seule chose qui m'occupait était les cinq cents sequins. Ceci est si vrai que, quoique j'aie passé une nuit charmante avec vous et que je vous aie trouvé plus fait pour être payé que pour payer vous-même, je ne me suis pas informée comment vous vous nommez ni qui vous êtes, et je ne sais pas au moment où je vous parle. Vous savez comment

(1) *Deux objets égaux à un troisième sont égaux entre eux.*

j'ai passé la nuit; je vous ai dit que je la trouvai délicieuse, et je vous assure que j'étais heureuse dans l'idée d'en passer une pareille. Vous m'aviez donné cinq cents sequins; mais je dus me contenter de cent, comme Capsucefalo me l'avait dit, et comme il m'a dit que vous m'en donneriez cent cette nuit. Vous avez tout découvert; j'en suis fâchée, mais je ne crains rien, car je puis me masquer comme je veux, et je ne peux pas empêcher que ceux qui ont envie de moi me prennent pour une sainte, si cela me amuse. Vous m'avez trouvé des armes; mais il est permis à chacun d'en porter pour sa propre défense. Je ne me trouve coupable de rien.

— Me connais-tu? lui dis-je.

— Non; cependant je vous vois souvent passer sous mes fenêtres. Je demeure à Saint-Roch auprès du pont.

Le récit parfaitement filé que nous fit cette femme nous convainquit qu'elle avait fait son métier en coureuse habile; mais Capsucefalo, malgré son titre de comte, nous parut digne du carcan. Cette fille devait avoir dix ans de plus que M. M.; elle était jolie, mais blonde, et ma belle nonne avait les cheveux d'un beau châtain cendré et était plus grande d'au moins trois pouces.

Après minuit nous nous mîmes à table, et nous fîmes honneur du meilleur appétit à l'excellent ambigu que ma chère Antoinette avait préparé. Nous eûmes la barbarie de laisser à cette malheureuse, sans même lui offrir un verre de vin; mais nous crûmes ne devoir pas agir autrement. Dans nos discours de table, mon joyeux Anglais me fit en homme d'esprit des commentaires sur l'empressement que j'avais mis à le convaincre qu'il n'avait pas eu les faveurs de M. M.

— Il n'est pas naturel, me dit-il, que vous ayez mis tant d'intérêt à la chose sans être amoureux de cette divine nonne.

Je lui répondis qu'étant condamné et borné au terrible parloir, si j'étais amoureux j'étais fort à plaindre.

— Je donnerais volontiers cent guinées par mois, me dit-il, pour avoir le privilège de lui faire des visites à la grille.

En disant cela, il me remit les cent sequins de la gageure, que je lui remerciai de me les avoir gagnés; et je les mis bravement dans ma poche.

A deux heures après minuit, nous entendîmes frapper doucement à la porte de la rue.

— Voilà l'ami, dis-je; soyez sage et comptez qu'il confessera tout.

Il entre, voit Murray et la belle, et ne s'aperçoit qu'il y a un tiers qu'en entendant fermer à la clef la porte de l'antichambre. Il se retourne, me voit, et comme il me connaissait, sans se décontenancer, il me dit:

— Ah! c'est vous, passe. Vous sentez la nécessité du secret.

Murray rit, et lui dit tranquillement de s'asseoir. Il lui demande, en tenant entre les mains les pistolets de la belle, dans quel endroit il la conduirait avant qu'il fît jour?

— Chez elle.

— Il est possible que non, car il est fort possible qu'en sortant d'ici vous alliez de compagnie coucher l'un et l'autre en prison.

— Non, je ne le crains pas; car l'affaire ferait trop de bruit, et les rieurs ne seraient pas de votre côté. Allons, dit-il, ma compagne, habillez-vous et partons.

Le résident, toujours froid et froid comme un Anglais, lui verse un verre de chambertin, et le gredin boit à sa santé. Murray, voyant à son doigt une belle bague en brillants, la loue, et se montrant curieux de la voir, il la lui tire du doigt, l'examine, la trouve parfaite et lui demande ce qu'elle vaut. Capsucefalo, un peu déconcerté, lui dit qu'elle lui a coûté quatre cents sequins.

— Je la garde pour ce prix, lui dit le résident, en la mettant dans sa poche.

L'autre baisse la tête, et Murray, riant de sa modestie, dit à la fille de s'habiller et de partir avec son digne acolyte. Cela fut fait dans l'instant, et après une profonde révérence ils partirent.

— Adieu, procureur de nonnes, lui dit le résident.

Le comte ne répliqua point.

Dès qu'ils furent sortis, j'embrassai Murray en lui faisant compliment sur sa modération, dont je le remerciai, car un esclandre n'aurait pu que nuire à trois innocentes.

— Soyez tranquille, me dit-il, les coupables seront punis et personne ne pourra en connaître la raison.

Alors je fis monter Tonine, et mon Anglais lui offrit à boire; mais elle refusa avec modestie et beaucoup de grâce. Murray la regardait avec des yeux de flamme, et partit en me faisant les plus vifs remercîments.

Ma pauvre Tonine avait eu une longue épreuve d'obéissance et de résignation, et elle était autorisée à supposer que je lui avais été infidèle; je lui prouvai de la manière la plus certaine que je m'étais respecté et conservé frais pour elle. Nous restâmes six heures au lit, et nous nous levâmes heureux l'un et l'autre.

De suite après dîner, je m'empressai d'aller trouver ma noble M. M., et de lui conter de point en point toute l'histoire. Elle l'écouta avec une attention presque avide, laissant voir sur son visage les différentes impressions qu'elle éprouvait. La crainte, la colère, l'indignation, l'approbation de ma conduite pour éclairer les doutes qui devaient naturellement s'insinuer dans mon esprit, la joie de me découvrir par là toujours amoureux d'elle, se peignit successivement et dans ses regards, et dans les différentes teintes dont se colorèrent ses joues et son front. Elle fut charmée d'apprendre que le masque qui m'avait accompagné au parloir était le ministre résident d'Angleterre; mais elle témoigna le plus noble dédain quand je lui dis qu'il donnerait volontiers cent guinées par mois pour avoir le privilège de pouvoir l'entretenir au parloir, en lui faisant des visites au travers de l'importune grille. Elle lui en voulait d'avoir pu s'imaginer qu'elle eût été en sa puissance et de lui avoir trouvé de la ressemblance avec un portrait qui, selon elle, ne lui ressemblait pas du tout : je le lui avais remis. Elle me dit avec un sourire plein de finesse qu'elle était certaine que je n'avais pas laissé voir la fausse religieuse à ma petite, car elle aurait pu se tromper.

— Tu sais donc que j'ai une servante?
— Oui, et, qui plus est, jolie. C'est la fille de Laure; et si tu l'aimes, j'en suis bien aise ainsi que C. C.... J'espère que tu trouveras le moyen de me la faire voir; quand à C. C..., elle la connaît déjà.

Voyant qu'elle en savait trop pour que je pusse lui en faire accroire, je pris sur-le-champ mon parti et je lui contai en détail l'histoire de mes nouvelles amours. Elle m'en témoigna une satisfaction trop franche pour qu'elle ne fût pas sincère. Avant que je la quittasse, elle me dit que son honneur était engagé à faire assassiner Capsucéfalo, car cet indigne personnage l'avait trop outragée pour lui pardonner. Pour la tranquilliser je lui promis que si le résident ne nous débarrassait pas de lui dans la huitaine, je me chargerais moi-même du soin de notre commune vengeance.

Vers le même temps, le procureur Bragadin, frère de mon patron, vint à mourir. Cette mort rendait M. Bragadin assez riche; mais, la famille allant à s'éteindre, il vint envie à une femme qui avait été sa maîtresse et qui lui avait donné un fils naturel, de devenir sa femme. Ce mariage aurait légitimé le fils et la famille aurait eu un propagateur. L'assemblée du collège aurait, pour un peu d'argent, reconnu la femme citoyenne, et tout serait allé à merveille. Elle m'écrivit un billet pour me prier de passer un instant chez elle. J'allai m'y rendre, curieux de savoir ce que pouvait me vouloir une femme que je ne connaissais ni d'Adam ni d'Eve, quand M. Bragadin me fit appeler. Il me pria de demander à Paralis s'il devait suivre l'avis de la Haye, dans une affaire qu'il lui avait promis de ne point me confier, mais que l'oracle ne pouvait pas ignorer. L'oracle, naturellement contraire au jésuite, lui répondit qu'il ne devait suivre que son propre sentiment. Après cette opération, je me rendis chez la dame.

Cette femme commença par m'informer de tout; elle me présenta son fils, et elle me dit que, si le mariage pouvait se faire, ou me ferait, par-devant notaire, un acte par lequel, à la mort de M. de Bragadin, je serais possesseur d'une terre qui rapporterait cinq mille écus par an.

Devinant sans peine que c'était la même affaire que de la Haye devait avoir proposée à M. de Bragadin, je lui répondis sans hésiter que, puisque de la Haye s'en était occupé avant moi, il m'était impossible de m'en mêler et là-dessus je lui tirai ma révérence.

Je ne pouvais m'empêcher de trouver singulier que ce jésuite intriguât sans cesse à mon insu pour marier mes vieux amis; car il y avait deux ans que, si je ne m'y étais pas opposé, il aurait marié M. Dandolo. Je ne me souciais aucunement que la famille Bragadin s'éteigne, mais je tenais beaucoup de côté à la vie de mon bienfaiteur, et j'étais persuadé que le mariage aurait de beaucoup abrégé ses jours, car il avait alors soixante-trois ans et il avait échappé à une forte attaque d'apoplexie.

J'allai dîner avec milady Murray (les Anglaises filles de lords conservent ce titre). Après dîner, le résident me dit qu'il avait communiqué à M. Cavalli toute l'histoire de la feinte religieuse, et que le secrétaire des inquisiteurs d'État lui avait fait savoir que tout avait été fait à sa satisfaction. Le comte Capsucéfalo avait été envoyé à Céfalonie, sa patrie, avec défense de ne jamais retourner à Venise, et la courtisane avait disparu.

Un jour le ministre d'Angleterre, après m'avoir fait souper à son casino avec la célèbre Fanny Murray, me demanda à souper à mon casino de Muran, que je ne gardais plus qu'à cause de Tonine, bien que l'état de mes finances fût affreux. J'eus cette complaisance, mais sans imiter sa générosité. Il trouva ma jolie maîtresse riante et polie, mais dans les bornes de la décence, dont il lui aurait volontiers fait grâce. Le lendemain il m'écrivit ce billet :

« Je suis éperdument amoureux de votre Tonine. Si vous voulez me la céder, voici le sort que je suis prêt à lui faire. Je l'établirai dans un logement convenable, que je meublerai parfaitement et que je lui donnerai avec tout ce qu'il contiendra, à condition que je pourrai l'y voir quand cela me plaira et qu'elle me donnera sur elle tous les droits d'un amant heureux. Je lui donnerai une femme de chambre, une cuisinière et trente sequins par mois pour une table de deux personnes, sans compter les vins que je lui fournirai moi-même. Je lui ferai en outre une rente viagère de deux cents écus par an, dont elle sera maîtresse après qu'elle aura vécu un an avec moi. Je vous donne huit jours, mon ami, pour me faire savoir votre réponse. »

Je lui répondis de suite que je lui ferais savoir trois jours si sa proposition pouvait être acceptée; car Tonine avait une mère qu'elle respectait, et peut-être elle ne voudrait rien faire sans son consentement : au reste, lui disais-je, si j'en juge sur les apparences, je crois la jeune personne enceinte.

L'affaire était importante pour Tonine : je l'aimais, mais enfin je savais fort bien que nous ne passerions pas notre vie ensemble, et je ne voyais pas qu'il me fût possible de lui faire un sort pareil à celui qu'on lui offrait. Je n'eus pas en conséquence la moindre incertitude, et dès le jour même j'allai à Muran et je lui dis tout.

— Tu veux donc me quitter? me dit-elle en pleurant.
— Je t'aime, ma chère amie, et ce que je te propose doit t'en convaincre.
— Non, car je ne puis pas être à deux.
— Tu ne seras qu'à ton nouvel amant, mon cœur. Je te prie de réfléchir que cela te vaudra une bonne dot qui pourra te procurer un bon mariage, et qu'avec tout l'amour que j'ai pour toi il m'est impossible de te faire un sort pareil.
— Laisse-moi cette journée pour pleurer et réfléchir, et viens souper avec moi demain.

Je ne manquai pas au rendez-vous.
— Je trouve, me dit-elle, ton Anglais fort bel homme; et quand il parle vénitien, il me donne une envie de rire irrésistible. Si ma mère y consentait, je pourrais peut-être l'aimer. Dans le cas où nos humeurs ne sympathiseraient pas, au bout d'un an nous pourrons nous séparer, et je me verrais riche d'une rente de deux cents écus.
— Je suis, lui dis-je, ravi de la justesse de tes réflexions. Parles-en à la mère.
— Je n'oserais, mon ami; ces choses-là sont trop délicates entre une mère et sa fille : parle-lui-en toi-même.
— Je le veux bien.

Laure, que je n'avais point vue depuis qu'elle m'avait donné sa fille, n'eut pas besoin de me demander du temps pour y penser; car, joyeuse et satisfaite, elle me dit que par cet arrangement sa fille deviendrait capable de la soulager dans sa vieillesse et qu'elle quitterait Muran, où elle était lasse de servir. Elle me montra cent trente sequins que Tonine avait gagnés à mon service et qu'elle avait déposés entre ses mains.

Barberine, sœur cadette de Tonine, vint me baiser la main. Je la trouvai charmante et je lui donnai tout l'argent blanc que je me trouvai sur moi. Je sortis ensuite en disant à Laure que je l'attendais chez moi. Elle ne tarda pas à me suivre, et, donnant sa bénédiction à sa fille en la recommandant à sainte Catherine, elle lui dit qu'elle ne lui demandait que trois livres par jour pour aller vivre à Venise avec sa famille : Tonine les lui promit, en l'embrassant.

Cette importante affaire étant achevée à la satisfaction de tout le monde, j'allai voir M. M..., qui me fit le plaisir de descendre au parloir avec C.... Je la trouvai triste mais embellie. Elle était en deuil, ce qui ne l'empêcha pas d'être tendre. Elle ne put rester au parloir qu'un quart d'heure, crainte d'être observée, car il lui était toujours défendu de s'y montrer. Je contai à M. M... l'histoire de Tonine, qui allait demeurer à Venise avec Murray. Elle en fut fâchée; car, me dit-elle, maintenant que tu n'auras plus cet attrait à Muran, je te verrai moins souvent encore que je ne l'ai fait jusqu'ici. Je lui promis que je serais toujours assidu à la voir; mais, vanité des promesses ! Le temps approchait où nous serions séparés pour toujours.

Le soir même j'allai porter à mon ami Murray cette bonne nouvelle. Il m'embrassa avec transport et me pria de venir souper à son casino le lendemain et de la lui amener pour lui en faire la remise en forme. Je n'y manquai pas; car, une fois la chose décidée, il me tardait d'en terminer. Il lui remit en ma présence le contrat de rente viagère de deux cents ducats de Venise sur le corps des boulangers. Par un second écrit, il lui fit don de tout ce qui se trouvait dans la demeure où il l'établit, en spécifiant la clause qu'il fallait qu'elle vécût un an avec lui. Il lui donna des instructions très libérales, lui permettant de ne recevoir comme ami ainsi que sa mère et ses sœurs, qu'elle serait libre d'aller voir quand bon lui semblerait. Tonine l'embrassa, lui exprima sa reconnaissance et l'assura qu'elle ferait tout pour lui plaire.

— Je verrai, monsieur, ajouta-t-elle en me montrant, mais comme son amie ; il n'en exigera pas davantage. Pendant cette scène vraiment attendrissante dans son genre, elle sut retenir ses larmes; mais moi je n'eus pas la force de cacher les miennes. Murray fit son bonheur, mais je n'en fus pas longtemps témoin.

Trois jours après, Laure vint me trouver, me dit qu'elle s'était déjà établie à Venise, et me pria de la conduire chez sa fille. Je devais trop à cette femme pour lui refuser ce plaisir, et je l'y menai sur-le-champ. Tonine remercia Dieu, me remerciai aussi; la mère faisait chorus, car elles ne savaient pas bien si c'était à Dieu ou à moi qu'elles avaient le plus d'obligation. Tonine me fit mille éloges de

Murray, et ne se plaignit point que je ne fusse pas allé la voir; ce qui me plut beaucoup. Voulant m'en aller, Laure me pria de la reconduire dans ma gondole; comme il fallait passer devant la maison où elle était allée se loger, elle me pria de lui faire le plaisir d'entrer un instant, et je ne crus pas devoir lui faire de la peine en lui refusant. Je dois dire ici à mon honneur que j'eus cette complaisance sans réfléchir aucunement que j'allais revoir Barberine.

Cette jeune fille, aussi jolie que sa sœur, quoique dans un autre genre, commença par exciter ma curiosité, faiblesse qui rend ordinairement inconstant l'homme habitué au vice. Si toutes les femmes avaient la même physionomie, le même caractère et la même tournure d'esprit, les hommes non seulement ne seraient jamais inconstants, mais encore ils ne seraient jamais amoureux. On en prendrait une par instinct et on s'en tiendrait là jusqu'à la mort; mais alors l'économie de notre monde serait tout autre qu'elle n'est. La nouveauté est le tyran de notre âme.

La jeune Barberine, qui me regardait comme une ancienne connaissance, car sa mère l'avait accoutumée à me baiser la main chaque fois que j'étais chez elle; qui s'était plus d'une fois déshabillée en ma présence sans croire pouvoir m'émouvoir; qui savait que j'avais fait la fortune de sa sœur et par suite celle de la famille, et qui, comme de raison, se croyait plus jolie que Tonine, parce qu'elle était plus blanche et qu'elle avait de beaux yeux noirs; ayant envie de remplacer sa sœur, elle comprit que, pour réussir, elle devait me prendre d'emblée. Son jeune bon sens lui disait que, n'allant jamais chez elle, je ne pourrais jamais en devenir amoureux, à moins qu'elle ne me conquis d'assaut, et pour cela elle ne trouva rien de mieux que d'avoir pour moi toutes les complaisances quand l'occasion s'en présenterait, en sorte que sa conquête ne me coûta aucune peine. Tout ce raisonnement que je lui suppose était assurément de son fait, car je suis convaincu que sa mère ne lui avait point donné la moindre instruction. Laure était une de ces mères comme il y en a plus d'une dans le monde et surtout en Italie; elle profitait volontiers de l'industrie naturelle de ses filles, mais elle n'aurait jamais pensé à les lancer dans le sentier de la corruption. Là s'arrêtait sa vertu.

Après avoir vu ses deux chambres, sa petite cuisine, et avoir admiré la propreté qui brillait partout, la petite Barberine me demanda si je voulais voir leur jardin.

— Volontiers, lui dis-je; car c'est une rareté à Venise.

Sa mère lui dit de m'offrir des figues s'il y en avait de mûres. Ce petit jardin avait une trentaine de pieds carrés, et il n'y avait que de la salade et un figuier fort beau. Il n'était pas riche en fruits, et je lui dis que je n'en voyais aucun.

— J'en vois en haut, me dit Barberine, et je vais les cueillir si vous voulez me tenir l'échelle.

— Oui, va, je la tiendrai bien fort.

Elle monte légèrement, et, pour atteindre quelques figues un peu distantes, elle allonge un bras et son corps hors d'équilibre en se tenant de l'autre main à l'échelle.

— Ma chère Barberine, si tu savais ce que je vois!

— Ce que vous avez vu souvent à ma sœur.

— C'est vrai; mais elle est plus jolie qu'elle.

La petite ne répond pas; mais comme si elle n'avait pu atteindre au fruit, elle met le pied sur une branche élevée et m'offre le tableau le plus séduisant possible. J'étais ravi! Barberine, qui s'en aperçoit, ne se presse pas. Enfin le fruit descendu, et, fourvoyant ma main, je lui demande si le fruit que je tenais avait été cueilli. Elle me fixe avec un doux sourire et me donne tout le temps de m'assurer qu'elle était toute neuve. Je la reçois dans mes bras, et, déjà dans ses fers, je la presse amoureusement contre mon cœur en imprimant sur ses lèvres un baiser de flamme qu'elle me rendit dans toute la joie de son cœur.

— Veux-tu, ma chère, me donner le fruit que je t'ai pris?

— Ma mère ira demain à Muran et elle y restera toute la journée; si vous venez, je ne vous refuserai rien.

Nous rentrons, et, en présence de Laure, j'embrasse tendrement Barberine en disant à la mère qu'elle avait un véritable bijou: ce compliment la fit rire de plaisir. Je donnai six sequins à cette charmante fille, et je sortis en me félicitant, mais en maudissant la fortune, qui ne me permettait pas de faire pour le moment à la charmante Barberine un sort pareil à celui de sa sœur.

Tonine m'avait dit que, par son procédé, il fallait que j'allasse une fois souper avec elle; j'y allai le même soir et j'y trouvai Righellini avec Murray. Le souper fut charmant et j'admirai l'accord parfait qui régnait déjà entre les nouveaux amants.

Ayant dit, je ne sais comment, que je n'avais plus de logement à Muran, Righellini me dit que, si je voulais, il m'en ferait avoir un charmant et à bon marché sur le *Fondamento Nuovo*.

Ce quartier, exposé au nord, aussi agréable en été que désagréable en hiver, étant en face de Muran, où je devais aller une couple de fois par semaine, je dis au docteur que j'y verrais volontiers ce logement.

A minuit je pris congé du riche et heureux résident, et, devant passer la journée avec ma nouvelle conquête, j'allais me coucher pour être frais et en état de fournir une honorable carrière.

Je me rendis chez Barberine d'assez bonne heure, et, dès qu'elle me vit arriver:

— Ma mère, me dit-elle, ne reviendra que ce soir, et mon frère dîne à l'école. Nous serons donc parfaitement tranquilles. Voici une poularde, du jambon, du fromage et deux flacons de vin de Scopolo; nous dînerons à la militaire quand vous voudrez.

— Tu m'étonnes, ma charmante amie, car comment as-tu pu te procurer un si bon dîner?

— Nous le devons à ma mère; ainsi à elle les éloges.

— Tu lui as donc dit ce que nous allons faire?

— Oh non pas tout à fait, car je n'en sais rien; mais je lui ai dit que vous viendriez me voir, et je lui ai en même temps donné les dix sequins.

— Et que t'a dit ta mère?

— Qu'elle ne serait pas fâchée que vous m'aimassiez comme vous avez aimé ma sœur.

— Je veux t'aimer davantage, quoique je l'aime beaucoup.

— Vous l'aimez! pourquoi l'avez-vous donc quittée?

— Je ne l'ai point quittée, car nous avons soupé ensemble hier au soir; seulement, ma chère amie, nous ne vivons plus en amoureux. Je l'ai cédée à un ami riche, qui a fait sa fortune.

— C'est bien, quoique je ne comprenne pas trop cela. Je vous prie de dire à Tonine que c'est moi qui la remplace, et je serai bien aise que vous lui disiez que vous êtes bien certain que vous êtes le premier homme que j'aie aimé.

— Et si cette nouvelle lui fait de la peine?

— Oh! tant mieux. Me ferez-vous ce plaisir? C'est le premier que je vous demande.

— Je te le promets.

Après ce rapide dialogue, nous déjeunâmes; puis dans un accord parfait nous allâmes nous coucher, ayant plutôt l'air d'aller sacrifier à l'Hymen qu'à l'amour.

Le jeu était nouveau pour Barberine; ses transports, ses idées vertes et naïves qu'elle me communiquait sans fard, son inexpérience ou plutôt sa gaucherie m'enchantaient. Il me semblait que pour la première fois, je touchais à l'arbre précieux de la science et que jamais je n'avais goûté de fruit aussi savoureux. Ma petite nymphe aurait été honteuse de me laisser apercevoir du trouble que lui causait la première épine, et pour me convaincre qu'elle ne savourait que la rose, s'évertuait à me persuader qu'elle avait plus de désir qu'il n'était possible de lui en supposer pour une première épreuve, toujours plus ou moins douloureuse. Elle n'était pas encore grande fille; les roses de ses seins naissants n'étaient encore que des boutons imperceptibles, et la puberté parfaite n'était encore que dans son cœur.

Après plus d'un assaut livré et soutenu avec ardeur, nous nous levâmes pour dîner; et après nous être restaurés, nous nous remîmes au culte de l'Amour, où nous restâmes jusqu'au soir. Laure à son retour nous trouva habillés et contents. Je fis à Barberine un autre présent de vingt sequins, je lui jurai de l'aimer toujours et je partis. Je n'avais assurément pas alors l'intention d'être infidèle à mes serments; mais ce que la destinée me préparait ne pouvait point se combler avec des promesses qui coulent de source dans un moment d'effervescence.

Le lendemain, Righellini me mena voir le logement dont il m'avait parlé; il me plut et je le louai de suite, payant le premier quartier d'avance. La maison appartenait à une veuve qui avait deux filles, et on venait de saigner l'aînée. Righellini était son médecin, et il la soignait depuis neuf mois sans pouvoir la guérir. Comme il allait lui faire une visite, j'entrai avec lui et je me crus en présence d'une belle statue de cire. La surprise m'arracha ces mots: *Elle est belle, mais la statuaire doit lui donner des couleurs.* La statue fit alors un sourire qui aurait été divin s'il avait traversé des lèvres roses.

— Sa pâleur, me dit Righellini, ne doit pas vous étonner, car on vient de la saigner pour la cent quatrième fois. Je fis un mouvement de surprise bien naturel.

Cette belle personne avait dix-huit ans sans que la nature eût encore pu opérer ses bénéfices mensuels; de manière qu'elle se sentait mourir trois ou quatre fois par semaine, et le seul moyen de soulagement était de lui ouvrir la veine.

— Je veux, dit le docteur, l'envoyer à la campagne, où un air plus pur et plus beau, surtout plus d'exercice, opéreront mieux que toutes les drogues.

Après avoir dit qu'on m'apporterait mon lit pour le même soir, je sortis avec Righellini, qui me dit que le seul remède qui pût opérer efficacement la guérison de cette fille serait un amant robuste.

— Mais, mon cher docteur, lui dis-je, ne pourriez-vous pas être son apothicaire comme vous êtes son médecin?

— Je jouerais trop gros jeu, car je pourrais me voir obligé à l'épouser, et je crains le mariage comme le feu.

Quoique je ne fusse pas plus disposé à me marier que mon ami le docteur, j'étais trop près du feu pour ne pas me brûler, et le lecteur verra dans le chapitre suivant comment j'opérai le miracle qui rendit les couleurs de la santé à cette belle décolorée.

XVI

La belle malade. — Je la guéris. — Je suis arrêté par les inquisiteurs d'État.

J'ALLAI souper chez M. de Bragadin en quittant le docteur Righellini, et je procurai à ce digne et généreux vieillard une soirée de bonheur. C'était toujours le cas; je le rendais heureux, ainsi que ses deux vertueux amis, toutes les fois que je prenais mes repas avec eux.

Les ayant quittés de bonne heure, je me rendis à mon logement et je fus tout surpris de trouver le balcon de ma chambre d'un côté occupé. Une demoiselle de la plus belle taille se lève en me voyant et avec beaucoup de grâce me demande pardon de la liberté qu'elle avait prise.

— Je suis, me dit-elle, la statue de ce matin. Nous n'allumons pas les flambeaux le soir pour éviter les cousins; mais, quand vous voudrez aller vous coucher, nous fermerons et nous nous en irons. Je vous présente ma sœur cadette : ma mère est déjà couchée. Je lui répondis que le balcon serait toujours à son service, et, c'était encore de bonne heure, je les priais de me permettre de me mettre en robe de chambre et de leur tenir compagnie. Sa conversation était charmante; elle me fit passer deux heures très agréablement et ne me quitta qu'à minuit. La jeune sœur m'alluma une bougie, elles me saluèrent et partirent en me souhaitant une bonne nuit.

J'allai me coucher l'imagination pleine de cette belle personne, et je ne pouvais me persuader qu'elle fût malade. Elle parlait avec vigueur, elle était gaie, cultivée, remplie d'esprit et d'aménité. Je ne comprenais pas par quelle fatalité, si sa maladie ne dépendait que du remède que Righellini appelait unique, elle pût n'en être pas guérie dans une ville comme Venise; car, malgré sa pâleur, elle me paraissait très digne de captiver un amant, et je la croyais assez d'esprit pour déterminer d'une façon ou d'autre à prendre le remède le plus agréable qu'il soit possible à la Faculté d'ordonner.

Le lendemain je sonne pour me lever, et je vois entrer la jeune sœur, qui me dit que, n'ayant pas de domestique, elle venait pour le moment me faire ce dont j'aurais besoin. Je ne voulais pas me faire servir par mon domestique hors de la maison de M. de Bragadin, parce que je me trouvais plus libre. Après m'être fait rendre quelques petits services, je lui demandai comment se portait sa sœur.

— Fort bien, me dit-elle, car les pâles couleurs ne sont pas une maladie, et elle ne se trouve incommodée que quand la respiration lui manque. Elle a fort bon appétit et elle dort aussi bien que moi.

— Qui entends-je jouer du violon?

— C'est le maître de danse qui donne leçon à ma sœur.

Je me hâte d'achever ma toilette pour aller la voir et je la trouve charmante, car elle était habillée, quoique son vieux maître lui laissât porter ses pieds en dedans. Il ne manquait à cette jeune et belle fille que l'étincelle de Prométhée, la couleur de la vie : sa blancheur ressemblait trop à la neige, elle affligeait le regard.

Le maître de danse me pria de danser un menuet avec son élève, et j'acceptai en le priant de le jouer *larghissimo*. Il fatiguera trop la signorina, dit-il; mais elle répondit de lui répondre qu'elle n'était point faible et qu'elle le danserait volontiers. Je lui appris fort bien, mais à la fin elle fut obligée de se jeter sur un fauteuil.

— A l'avenir, mon cher maître, dit-elle à son vieux, je ne veux danser que comme ça, car je crois que le mouvement rapide me fera du bien.

Le maître étant sorti, je lui dis que ses leçons étaient trop courtes et que son vieux maître lui faisait prendre de mauvaises habitudes. Je lui plaçai alors les pieds, les épaules et les bras; je lui appris à donner la main avec grâce, à plier les genoux en mesure; enfin je lui donnai pendant une heure une leçon en forme; et la voyant un peu fatiguée, je la priai de s'asseoir, et je sortis pour aller faire une visite à M. M....

Je la trouvai fort triste, car, le père de C. C... étant mort, on était venu la retirer du couvent avec l'intention de la donner à un avocat. Avant de la quitter, elle lui avait laissé une lettre pour moi dans laquelle elle me disait que, si je voulais lui promettre de l'épouser quand je la trouverais à propos, elle m'attendrait et qu'elle refuserait tout autre parti. Je lui répondis sans détour que j'étais sans état et sans perspective; je la laissais libre, lui conseillant même de ne pas refuser quelqu'un qu'elle jugerait propre à faire son bonheur.

Malgré cette espèce de congé, C. C... n'épousa N... qu'après ma fuite des Plombs, lorsque personne n'espérait plus me revoir à Venise. Je ne l'ai revue que dix-neuf ans après; mais j'eus la douleur de la retrouver veuve et malheureuse. Si maintenant j'étais à Venise, je ne l'épouserais pas, car à mon âge l'hymen n'est qu'une effronterie; mais il est certain que je partagerais avec elle le peu que j'ai, et que je vivrais avec elle comme avec une tendre sœur.

Je reçus vers ce temps-là une lettre de l'abbé de Bernis, qui en écrivait une autre à M. M... dans le même goût que la mienne. Il me disait que je devais m'attacher à mettre l'esprit de notre nonne à la raison, me détaillant tous les dangers que je courais à l'enlever et à la conduire à Paris, où toute son influence ne pourrait pas nous assurer la sécurité sans laquelle on ne saurait se promettre de bonheur. Je vis M. M..., nous nous communiquâmes nos lettres; elle versa des larmes amères, et sa tristesse m'alla au fond du cœur. Cette charmante malheureuse inspirait véritablement le plus vif intérêt. J'avais encore pour elle un amour ardent, malgré les infidélités que je lui faisais chaque jour; et quand je pensais aux instants brillants où je l'avais vue en proie au bonheur de la volupté, je ne pouvais que la plaindre et soupirer sur son sort, en réfléchissant aux jours de désespoir qui l'attendaient.

En huit ou dix jours mes conversations avec la fille de mon hôtesse, conversations sur le balcon et qui généralement se prolongeaient jusqu'à minuit, et la leçon que je lui donnais tous les matins, produisirent deux effets immanquables et fort naturels : le premier, c'est que la respiration ne lui manquait plus; et le second, c'est que je devins amoureux d'elle. Le remède naturel n'était pas encore venu, mais elle n'avait plus besoin du secours de la saignée. Righellini vint la visiter à son ordinaire; et voyant qu'elle se portait mieux, il lui pronostiqua avant l'automne le bienfait de la nature sans lequel sa vie ne pouvait se soutenir que par artifice. Sa mère me regardait comme un ange que Dieu lui avait envoyé pour guérir sa fille, et celle-ci éprouvait une reconnaissance qui, chez les femmes, n'est qu'un pas de l'amour. Je lui avais fait congédier son vieux maître de danse et je l'avais rendue une très jolie danseuse.

Au bout de ces dix à douze jours, au moment où j'allais lui donner sa leçon, la respiration lui manqua tout à coup; elle tomba entre mes bras comme morte. J'en fus effrayé; mais sa mère, qui était habituée à la voir dans cet état, envoya de suite chercher le chirurgien, et sa sœur vint la délacer. La fermeté de sa gorge, qui n'avait pas besoin de couleur pour être tout ce qu'il y a de plus parfait m'enchanta. Je la couvris en lui disant que le chirurgien manquerait son coup s'il la voyait ainsi découverte; mais sentant que j'y reposais ma main avec délice, elle me repoussa avec douceur en me regardant d'un œil mourant qui me fit la plus grande impression.

Le chirurgien vint; il la saigna au bras, et presque à l'instant elle revint à la vie. On lui avait tout au plus tiré quatre onces de sang, et, sa mère m'ayant dit qu'on ne lui en tirait jamais davantage, je vis que le prodige n'était pas aussi grand que Righellini le disait; car, en la saignant ainsi deux fois par semaine, il lui tirait trois livres de sang par mois; c'était la quantité qu'elle avait besoin d'une manière naturelle si les vaisseaux dans cette partie n'avaient pas été obstrués, et la nature toujours attentive à se conserver, la menaçait de la mort si par un moyen artificiel on ne parvenait pas bien vite à rétablir l'équilibre.

Le chirurgien était à peine sorti qu'elle me dit, à mon grand étonnement, que si je voulais attendre un moment dans la salle elle allait revenir pour danser. Elle revint effectivement, et dansa comme s'il n'avait été question de rien.

La gorge, dont deux de mes sens pouvaient rendre un sûr témoignage, avait achevé de m'enflammer. Je revins à l'entrée de la nuit, et je la trouvai dans sa chambre avec sa sœur. Elle me dit qu'elle attendait son parrain, qui, ayant été l'ami intime de son père, venait tous les soirs passer une heure avec elle depuis dix-huit ans.

— Quel âge a-t-il?
— Il a passé la cinquantaine.
— Est-il marié?
— Oui; c'est le comte S... Il m'aime comme un tendre père; il a la même affection qu'il m'a montrée dans mon enfance. Sa femme vient quelquefois me voir et m'invite à dîner. L'automne prochain j'irai à la campagne avec elle, et j'espère que l'air qu'on y respire me fera du bien. Mon parrain sait que vous êtes chez nous, et il est content. Il ne vous connaît pas; mais, si vous le voulez, vous ferez sa connaissance.

Ce discours me fit plaisir, car il me mit au fait de tout sans que j'eusse besoin de faire des questions indiscrètes. L'amitié de ce Grec tenait visiblement de l'amour. C'était le mari de la comtesse de S..., qui m'avait conduit au couvent de Muran deux ans avant cette époque.

Je trouvai le comte S... fort poli. Il me remercia du ton de père de l'amitié que je témoignais à sa filleule, et il me pria de lui faire le plaisir d'aller dîner chez lui avec elle le lendemain, me disant qu'il aurait l'honneur de me présenter à sa femme. J'acceptai avec plaisir; car, aimant les coups de théâtre, ma rencontre avec la comtesse m'en promettait un fort intéressant, cette invitation annonçait un galant homme, et le ravis d'aise ma belle écolière, quand, après son départ je lui en fis l'éloge.

L'AMOUR A VENISE

— Mon parrain, me dit-elle, est dépositaire de tous les documents nécessaires pour retirer de la maison Persico l'héritage de ma famille, qui consiste en quarante mille sous. Le quart de cette somme m'appartient, et ma mère nous a promis, à ma sœur et à moi, de nous partager sa dot.

Je vis que cette fille porterait à celui qui l'épouserait quinze mille ducats courants de Venise.

Je devinai que cette jeune personne voulait m'intéresser par sa fortune et me rendre amoureux en se montrant avare de ses faveurs; car lorsque je me permettais quelque licence, elle m'opposait des remontrances auxquelles je n'osais point répondre. Je me promis de lui faire adopter un autre système.

Le lendemain je la conduisis chez son parrain, sans la prévenir que je connaissais la comtesse. Je croyais que cette dame ferait semblant de ne pas me reconnaître; mais je me trompais, car elle me fit le plus bel accueil et tel qu'on a coutume d'en faire à une ancienne connaissance. Cela surprit sans doute M. le comte, mais il avait trop d'usage du monde pour montrer sa surprise. Il lui demanda cependant où elle avait fait ma connaissance, et elle, en femme experte, lui répondit sans le moindre embarras que nous nous étions vu à la Mira il y avait une couple d'années. Tout fut dit, et nous passâmes la journée fort gaiement.

Vers le soir, ayant pris une gondole, je reconduisis la demoiselle chez nous; mais, voulant abréger le chemin, je me permis quelques caresses. Je fus piqué de me voir répondre par des reproches; et cela fit que, dès qu'elle eut mis pied à terre chez elle, au lieu de débarquer je me rendis chez Tonine, où, le résident étant venu très tard, je passai presque la nuit.

Le lendemain, m'étant levé fort tard, il n'y eut point de leçon; et quand je voulus lui en demander excuse, elle me dit que je ne devais point me gêner.

Le soir, j'eus beau être sur le balcon fort avant dans la nuit, la belle n'y vint point.

Piqué de cet air d'indifférence, le lendemain je me levai de bonne heure et sortis pour ne rentrer qu'à la nuit.

Elle était sur le balcon; mais me tenant à une respectueuse distance, je ne lui dis que des choses indifférentes.

Le matin je fus éveillé par un grand bruit; je me lève, et, ayant passé ma robe de chambre à la hâte, j'entre pour voir ce que c'était : je la trouvai mourante. Je n'eus pas besoin de feindre pour lui montrer de l'intérêt; j'en ressentais un bien tendre. Comme nous étions au commencement de juillet, la chaleur était très forte, et ma belle malade n'était couverte que d'un drap de lit. Elle ne pouvait me parler que des yeux; mais, malgré leur abattement, il y avait quelque chose de si tendre! Je lui demandai si elle a des palpitations; et, mettant ma main sur son cœur, mes lèvres impriment sur son sein un baiser de feu. Ce fut l'étincelle électrique, car sa bouche poussa un soupir qui lui fit du bien. Elle n'avait pas la force de repousser ma main, que je pressais amoureusement sur son cœur. Enhardi, je colle mes lèvres ardentes sur sa bouche mourante, je la réchauffe de mon haleine, et ma main audacieuse descend jusqu'au sanctuaire du bonheur. Elle fait un effort pour me repousser, et son œil, à défaut de sa voix, me dit combien elle, se sentait offensée. Je me retire et au même instant le chirurgien entre. La veine à peine ouverte, elle respire et, l'opération à peine achevée, elle veut se lever. Je la supplie de rester au lit, et sa mère se joint à moi; enfin je la persuade en lui disant que je ne la quitterais pas un instant, et que je me ferais servir mon dîner auprès de son lit. Elle passe alors un corset et prie sa sœur de mettre sur elle une couverture de taffetas, car on la voyait comme à travers un voile de crêpe.

Brûlant d'amour et ayant donné mes ordres pour mon dîner, je m'assois à son chevet; et lui prenant la main, que je couvre de baisers, je lui dis que j'étais certain qu'elle guérirait si elle pouvait aimer.

— Hélas! dit-elle, qui pourrais-je aimer, n'étant pas sûr d'être aimée?

Je ne laisse point tomber la réponse, et animant les propos galants, je surprends un soupir et un regard amoureux. Je mets ma main sur son genou, la priant de me laisser-là et lui promettant de n'exiger plus rien; mais à peu à peu touche au centre et je cherche à lui causer une sensation agréable.

— Ah! laissez-moi, me dit-elle d'un ton de sentiment, et en se retirant; c'est peut-être la cause de ma maladie.

— Non, mon amie, non, lui dis-je avec feu, cela ne saurait être. Et ma bouche arrête sur ses lèvres l'objection qu'elle allait me faire.

J'étais ravi dans mon cœur, car cette confidence me mettait sur la voie : et je prévoyais l'instant du bonheur, me sentant certain de la guérir si le docteur ne se trompait pas sur la nature du remède. Je ménageai sa pudeur en lui épargnant des questions indiscrètes; mais je me déclarai son amant, en lui promettant de ne rien exiger d'elle au delà de ce qu'elle croirait propre à nourrir ma tendresse.

On me servit un très bon dîner et elle y fit honneur; ensuite me disant qu'elle était tout à fait bien, elle se leva et j'allai m'habiller pour sortir. Le soir, étant rentré de bonne heure, je la trouvai sur mon balcon. Là, assis tout près et vis-à-vis d'elle, parlant tour à tour le langage des yeux et celui des soupirs, plongeant des regards avides sur ses charmes, que la lumière de Phébé rendait encore plus intéressants, je lui communiquai l'ardeur qui me consumait, et, la pressant amoureusement contre mon sein, elle me rendit heureux avec tant de feu et d'abandon, qu'il me fut facile de juger qu'elle croyait recevoir une faveur plutôt que de m'en accorder une. J'immolai la victime sans ensanglanter l'autel.

Sa sœur étant venu lui dire qu'il était tard :

— Va te coucher, lui répondit-elle; la fraîcheur me fait du bien, je veux encore en jouir. Dès que nous fûmes seuls nous nous couchâmes, comme si nous n'avions fait que cela depuis un an, et, nous passâmes une nuit délicieuse, moi animé par l'amour et le désir de la guérir, elle par la volupté la plus ardente et la reconnaissance la plus tendre. Au point du jour, m'ayant embrassé avec un sentiment profond et les yeux humides de bonheur, elle se leva et alla se reposer dans son lit.

J'avais besoin de repos comme elle, et ce jour-là il ne fut pas question de leçon de danse. Malgré le feu de la jouissance et les transports dont cette charmante fille était animée, je n'oubliai pas un seul instant la prudence. Nous continuâmes à passer des nuits délicieuses pendant trois semaines de suite, et j'eus le bonheur de la voir radicalement guérie. Je l'aurais sans doute épousée, si vers la fin du même mois, dénoncé au tribunal secret, je n'avais été conduit sous les Plombs où je restai si longtemps prisonnier.

FIN

Déjà paru dans la Grande Collection Nationale :

AMOURS DE JEUNESSE

Par Jacques CASANOVA DE SEINGALT

Délicieuses Aventures tirées de ses Mémoires.

LA GRANDE COLLECTION NATIONALE

:: :: L'OUVRAGE COMPLET :: ::

35 cent. Sous belle couverture illustrée en couleurs **35 cent.**

OUVRAGES PARUS :

1. MADAME LA MARQUISE, roman de mœurs, par Ch. MÉROUVEL.
2. *LE CAPITAINE FINE LAME, roman de cape et d'épée, par Henri GERMAIN.
3. MULOT ET GENDRES, drame poignant de la vie réelle, par C. FOLEY.
4. ROSE SAUVAGE, roman d'amour, par Georges MALDAGUE
5. *L'ILE DU DOCTEUR MOREAU, roman d'aventures, par H.-G. WELLS.
6. *LE MILLION DU PERE RACLOT, roman sentimental, par Emile RICHEBOURG.
7. AMOURS DE JEUNESSE, délicieuses aventures tirées des Mémoires de CASANOVA.
8. LA FILLE AUX YEUX D'OR, suivie de LA VENDETTA, dramatiques récits, par Honoré de BALZAC.
9. *VOYAGE AU PAYS DES MILLIARDS, relation de voyage en Allemagne, par Victor TISSOT.
10. MARIAGES DE RAISON, amusantes histoires, par Max et Alex. FISCHER.
11. MARTYRE, émouvant roman, par Adolphe d'ENNERY.
12. LA RELIGIEUSE, le chef-d'œuvre de DIDEROT.
13. *SERVITUDE ET GRANDEUR MILITAIRES, scènes empoignantes et vécues, par Alfred de VIGNY.
14. *LE CHEMIN DU BONHEUR, roman exquis, par Paul BONHOMME.
15. *LES DERNIERS JOURS DE POMPEI, roman de la vie antique, par Lord LYTTON (Sir Edward Bulwer).
16. LE COMTE SATAN, grand roman populaire, par F. LAFARGUE.
17. LES AMOURS DE LA DUCHESSE DE LA VALLIERE, histoire sentimentale de la grande favorite, par Mme de GENLIS.
18. *POESIES d'Alfred de VIGNY.
19. LES PLUS JOYEUX CONTES DE LA REINE DE NAVARRE, historiettes gauloises, par Marguerite de VALOIS.
20. SIMONE, histoire d'une jeune fille moderne, par V. TISSOT.
21. RESURRECTION, adaptation populaire de l'œuvre immortelle de TOLSTOI.
22. LA LUXURE, passionnant roman, par Eugène SUE.
23. L'AUBERGE ROUGE, Un Episode sous la Terreur, L'Elixir de longue vie, Sarrazine, Un Drame au bord de la mer, tragiques récits, par Honoré de BALZAC.
24. *POESIES (Rolla, Les Nuits, Poésies nouvelles, Contes en vers), d'Alfred de MUSSET.
25. LES LOISIRS DE BERTHE LIVOIRE, roman humoristique, par Robert SCHEFFER.
26. *NAPOLEON INTIME, raconté par son valet de chambre CONSTANT.
27. GATIENNE, délicieux roman, par Georges de PEYREBRUNE.
28. *LES DEBUTS DE SHERLOCK HOLMES, palpitantes aventures du célèbre détective, par CONAN DOYLE.
29. LETTRES D'AMOUR A SOPHIE, correspondance sentimentale de MIRABEAU.
30. *LA MARE AUX FOLLES, grand roman dramatique, par Georges MALDAGUE.
31. ROME GALANTE SOUS LES CESARS, histoire saisissante de la vie antique, par SUETONE.
32. LE COFFRE-FORT, roman dramatique et littéraire, par J.-H. ROSNY aîné, de l'Académie Goncourt.
33. AVENTURES DE GIL BLAS DE SANTILLANE, par LE SAGE.
34. TROTTIN DE PARIS, roman, par Georges BEAUME.
35. L'AMOUR A VENISE, délicieuses aventures tirées des Mémoires de CASANOVA.
36. ROBINSON CRUSOE DANS SON ILE, adaptation de l'immortel chef-d'œuvre de Daniel de FOE.
37. *LE SORCIER, délicieux roman inédit, par Henri GERMAIN.
38. LA VIE ET LA CORRESPONDANCE AMOUREUSE D'HELOISE ET D'ABELARD.
39. *ADAM WORTH, Mémoires d'un voleur de qualité, relation authentique, par Maurice STRAUSS.
40. *UN DRAME SOUS LA REVOLUTION, roman historique, par Charles DICKENS.
41. LE DROIT D'ETRE MERE, roman social, par Paul BRU (Lettre-Préface de Brieux.)
42. WERTHER, roman d'amour, par GOETHE.
43. *LES HOMMES VOLANTS, prodigieuse histoire de la conquête de l'air, par H. de GRAFFIGNY.
44. *POUR LUI ! roman dramatique, par Louis ESNAULT.
45. DAPHNIS ET CHLOE, roman pastoral, par LONGUS.
46. *PERDU AU MAROC, roman d'aventures, par Charles MALATO.
47. *LE DRAPEAU BRISE, histoire d'Alsace-Lorraine, par C. LAURENT.
48. *LA PRISE DE BERLIN, par NAPOLEON, bulletins de la Grande Armée.
49. *LA COMTESSE VASSALI, une héroïne de la liberté, par OUIDA.
50. *LE ROMAN D'UN OFFICIER, histoire vécue, par Jean SAINT-YVES.
51. *L'ESPION DE L'EMPEREUR, par Charles LAURENT.
52. *LES FRANÇAIS A VIENNE, bulletins de la Grande-Armée.
53. MON ONCLE BARBASSOU, amusant roman, par Mario UCHARD.
54. SECRETS ET MYSTERES DE LA COUR DE PRUSSE, Mémoires de VOLTAIRE.
55. *AVENTURES DE CYRANO DE BERGERAC, par Jules LERMINA.
56. *COEUR D'ORPHELINE, délicieux roman, par Camille PERT.
57. *MES PRISONS, Dix ans dans les cachots autrichiens, par Silvio PELLICO.
58. *LA VIE PRIVEE DE JOSEPHINE, racontée par sa femme de chambre, Mlle AVRILLION.
59. *L'INFORTUNE PLUMARD, amusant roman, par Rodolphe BRINGER.
60. *IVANHOE, roman historique, par Walter SCOTT.
61. SANS PITIE, grand roman populaire, par Georges MALDAGUE.
62. LES PLUS JOLIS CONTES DE BOCCACE.
63. *L'ENQUETE, roman dramatique, par Maurice LANDAY.
64. *UN LYS DANS LA NEIGE, charmant roman, par Victor TISSOT.
65. *UNE CONSPIRATION SOUS LE PREMIER EMPIRE, par CONAN DOYLE.
66. *LE POILU AUX MILLE TRUCS, et autres Nouvelles et Drames comiques, par CAMI.
67. *LE COLONEL CHABERT. — Adieu — El Verdugo, par Honoré de BALZAC.
68. UN COEUR VIRGINAL, roman, par Remy de GOURMONT.
69. *COMME UNE FLEUR, roman sentimental, par Rodha BROUGHTON.
70. *LE CHEVALIER DE CHABRIAC, roman historique, par le baron de BAZANCOURT.
71. *MADEMOISELLE MIMI PINSON. — Histoire d'un Merle blanc. — Le Secret de Javotte, par Alfred de MUSSET.
72. *40.000 FRANCS DE DOT, grand roman populaire, par Emile RICHEBOURG.
73. *LA SACRIFIEE. — Ça fait du bruit. — Le Médecin du District. — Kovalzer, histoires émouvantes, par TOURGUENEFF.
74. *PAUL ET VIRGINIE. — La Chaumière Indienne, délicieux romans, par BERNARDIN DE SAINT-PIERRE.
75. LA CHASSE AUX AMANTS, intéressant roman, par C. de BERNARD.
76. *LA NOUVELLE MADELEINE, passionnant roman, par Wilkie COLLINS.
77. L'AMOUR AU PAYS BLEU, roman d'amour, par Hector FRANCE.
78. VIEILLES CHANSONS DE FRANCE.
79. *LE SECRET DE L'ESPAGNOL, roman populaire, par H. GERMAIN.
80. SUZANNE, roman vécu, par Edouard OUILLAC.
81. *LES FIANCES, roman historique, par MANZONI.
82. LE BONHEUR A TROIS, roman, par Armand CHARPENTIER.
83. MANON LESCAUT, roman d'amour, par l'abbé PREVOST.
84. LE POINT NOIR, émouvant roman, par Fernand LAFARGUE.
85. L'AMIE, roman, par Henry GREVILLE.
86. LES PLUS CELEBRES CONTES DROLATIQUES, par H. de BALZAC.
87. *LA MAISON DU DAMNE, roman mystérieux, par Pierre ZACCONE.
88. *HEVA, roman d'aventures, par J. MERY.
89. L'ADORATION PERPETUELLE, roman d'amour, par Guy de TERAMOND.
90. *YVONNE LA SIMPLE, grand roman populaire, par G. MALDAGUE.
91. *LES EMOTIONS DE POLYDORE MARASQUIN, roman d'aventures, par Léon GOZLAN.
92. LE MARI D'HELENE. — La Maitresse de Gramigna. — La Guerre de Saint Pascal de Saint Roch. — Cavalleria Rusticana. — La Louve, par Giovanni VERGA.
93. CANDIDE. — L'Ingénu, chefs-d'œuvre de Voltaire.
94. *L'EPINGLE NOIRE, roman historique, par G. LENOTRE.
95. *AVENTURES HEROIQUES ET AMOUREUSES DE DON QUICHOTTE, par CERVANTES.
96. *MADEMOISELLE CLEOPATRE, roman, par Henry GREVILLE.
97. *LES JOYEUSETES DE LA CORRECTIONNELLE, roman, par Jules LEVY.
98. *QUO VADIS, adaptation du célèbre roman d'Henrick SIENKIEWICZ.
99. *LE MARQUIS DE LESTORIERE, intéressant roman, par Eugène SUE.
100. LES HEURES PERDUES D'UN CAVALIER FRANÇAIS, par un contemporain de BRANTOME.
101. LES VACANCES DE CAMILLE, roman d'amour, par Henry MURGER.

IL PARAIT DEUX VOLUMES PAR MOIS, LE 15 ET LE 30

ENVOI FRANCO DE CHAQUE VOLUME CONTRE **35** CENTIMES

(*) Les ouvrages précédés d'un astérisque peuvent être mis entre toutes les mains.

F. ROUFF, Éditeur, 148, rue de Vaugirard, PARIS (XVe)